和谐校园文化建设读本

中学生课外活动指南

辛 颖/编著

吉林教育出版社

图书在版编目(CIP)数据

中学生课外活动指南 / 辛颖编著. — 长春：吉林
教育出版社，2012.6（2022.10重印）
（和谐校园文化建设读本）
ISBN 978 - 7 - 5383 - 8816 - 9

Ⅰ. ①中… Ⅱ. ①辛… Ⅲ. ①课外活动－教学研究－
中学 Ⅳ. ①G632.428

中国版本图书馆 CIP 数据核字(2012)第 116131 号

中学生课外活动指南

ZHONGXUESHENG KEWAI HUODONG ZHINAN　　　　　　　　　　　辛　颖　编著

策划编辑　刘　军　　潘宏竹
责任编辑　刘桂琴　　　　　　　　　　　　　　　**装帧设计**　王洪义
出版　吉林教育出版社(长春市同志街 1991 号　　　　邮编　130021)
发行　吉林教育出版社
印刷　北京一鑫印务有限责任公司
开本　710 毫米×1000 毫米　1/16　　**印张**　10.5　　**字数**　133千字
版次　2012 年 6 月第 1 版　　**印次**　2022 年 10 月第 2 次印刷
书号　ISBN 978 - 7 - 5383 - 8816 - 9
定价　39.80 元

编　委　会

主　　编：王世斌

执行主编：王保华

编委会成员：尹英俊　尹曾花　付晓霞

　　　　　　刘　军　刘桂琴　刘　静

　　　　　　张　瑜　庞　博　姜　磊

　　　　　　潘宏竹

　　　　　　（按姓氏笔画排序）

总 序

千秋基业，教育为本；源浚流畅，本固枝荣。

什么是校园文化？所谓"文化"是人类所创造的精神财富的总和，如文学、艺术、教育、科学等。而"校园文化"是人类所创造的一切精神财富在校园中的集中体现。"和谐校园文化建设"，贵在和谐，重在建设。

建设和谐的校园文化，就是要改变僵化死板的教学模式，要引导学生走出教室，走进自然，了解社会，感悟人生，逐步读懂人生、自然、社会这三本大书。

深化教育改革，加快教育发展，构建和谐校园文化，"路漫漫其修远兮"，奋斗正未有穷期。和谐校园文化建设的研究课题重大，意义重要，内涵丰富，是教育工作的一个永恒主题。和谐校园文化建设的实施方向正确，重点突出，是教育思想的根本转变和教育运行机制的全面更新。

我们出版的这套《和谐校园文化建设读本》，既有理论上的阐释，又有实践中的总结；既有学科领域的有益探索，又有教学管理方面的经验提炼；既有声情并茂的童年感悟；又有惟妙惟肖的机智幽默；既有古代哲人的至理名言，又有现代大师的谆谆教诲；既有自然科学各个领域的有趣知识；又有社会科学各个方面的启迪与感悟。笔触所及，涵盖了家庭教育、学校教育和社会教育的各个侧面以及教育教学工作的各个环节，全书立意深邃，观念新异，内容翔实，切合实际。

我们深信：广大中小学师生经过不平凡的奋斗历程，必将沐浴着时代的春风，吸吮着改革的甘露，认真地总结过去，正确地审视现在，科学地规划未来，以崭新的姿态向和谐校园文化建设的更高目标迈进。

让和谐校园文化之花灿然怒放！

本书编委会

目　录

第一章　社会考察实践

寻访家乡的传统文化

发现问题

中华民族的历史源远流长,传统文化博大精深,它足以使中国人引以为荣,它是中华民族的重要凝聚力;另一方面,随着社会的发展,虽然中国人的思想观念、行为和生活方式都在发生着重大的变化,中国文化也在全方位地转换和发展,但是这种转换和发展本身就是从传统开始的。中国传统文化作为一种文化形态,其本身也具备文化科学价值。

中学生是祖国未来的花朵,是历史文化的继承者、传播者,也是现代中国文化的创造者。

中国文化具有悠久的历史与鲜明的民族特点。这些对于中学生来说无疑是抽象的,要了解文化,就要从现实着手。因此开展"寻访家乡的传统文化"实践活动有着很重要的现实意义。

文化其实就在我们身边,关键是看我们有没有一双善于发现的眼睛,有没有一颗感受历史的心。了解中国文化就从我们的家乡开始吧!

通过本次实践活动,我们可以发现身边的历史文化传统,继承和弘扬家乡的本土文化,培养爱国爱乡的情感,实现人与社会的和谐。中学生应当主动成长为文化的继承者、传播者和创造者。

看一看同学们是怎样寻访家乡传统文化的? 不妨,你也参与到他们当中去吧!

活动目标

一、知识目标

1. 了解家乡的传统文化。

2. 通过了解家乡的传统习俗、饮食文化等来认识家乡的文化和历史。

二、能力目标

1. 培养运用多种方法搜集、处理信息的能力。

2. 在活动中，能够主动、大方地与人交流，积极、自信地参与活动，培养社会适应能力。

三、情感目标

在实践活动中继承和创新民族传统文化，弘扬民族精神与创新精神，培养爱国主义情感。

活动准备

1. 组织形式：在进行活动策划和讨论时，可以以班级为单位。外出考察活动和开展宣传活动，可自由组合成 3－5 人的小组，各小组独立行动。

2. 教师配备：需配备专职指导教师，进行活动指导和活动组织工作。

3. 老师对同学们进行安全教育和文明礼貌教育。

4. 进行调查问卷设计方法、摄影技术等方面的指导培训。

5. 参与考察活动和实践活动时，会遇到许多困难，应学会主动、大方地与人交流,积极、自信地参与活动,并精心进行活动策划。

6.考察家乡的著名建筑及其特点与由来。

7.考察家乡的历史与名人。

8.考察家乡某些地名的由来。

9.考察家乡的饮食文化、服饰文化特点。

10.访问民间艺人,了解传统工艺。

11.全班自由分成若干考察小组,确定成员、选题、各成员的分工。（分组可以按班级的平均人数组成合作小组）

活动过程

一、调查计划。

在确定了活动主题和活动小组的情况下,要求制订一个完整的活动计划,指导活动的开展。

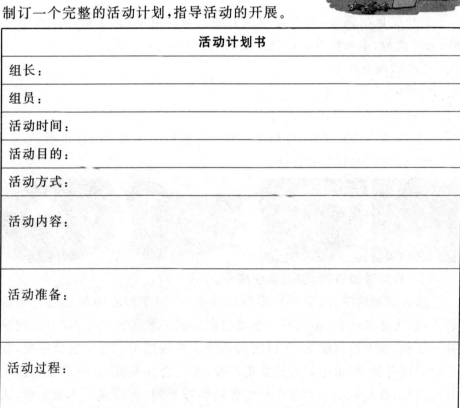

活动计划书
组长：
组员：
活动时间：
活动目的：
活动方式：
活动内容：
活动准备：
活动过程：

二、分组活动。

第一小组 寻访家乡的传统文化

1.调查了解家乡特有节庆、传统习俗、传统文化艺术及渊源。

2.广泛阅读传统的诗歌、散文、小说,并初步了解家乡古代饮食文化、服饰文化、节令文化等传统文化形式。

3.为宣传家乡的传统文化开展实践活动。

4.到图书馆查阅资料,把资料记录下来制成一本活动成果录。

5.就"如何利用家乡的传统文化为家乡服务"写一份方案。

第二小组 寻访家乡的特色产品和特色产业

1.开展自由调查,通过询问亲戚朋友或政府部门,了解本地资源优势、人才优势、本地传统的特色产品和特色产业。

2.商讨调查计划。

3.调查、整理资料。

4.宣传家乡特色产业。

(1)制作广告宣传画,评出优秀宣传画张贴于街道合法宣传点。

(2)设计产品包装并评优。

三、收集整理资料,得出调查结果。

随着活动的深入、资料积累的日益丰富,同学们心中的疑虑也越来越多,这主要表现在:他们虽然能说出家乡的一些传统文化,但对其内涵缺乏了解,加上资料匮乏,所以活动还停留在表层上。针对这种情况,我们将问题分类,要求小组成员集思广益,进行合作探究,体悟家乡传统文化的内涵,在此基础上将各小组的资料整理汇编,打印成一本成果集,人手一份。资料汇编由同学们集体策划完成:包括前言、后记、封面、插图、排版、打印、装订。为了能有更多的时间完成这项工作,还需协调其他老师减少课外作业,为资料汇编提供时间保障。

四、撰写调查报告。

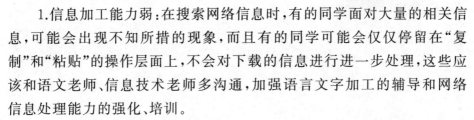

我的调查报告

活动总结

一、成果展示

(1)展示成果:心得、所获知识和照片等。

(2)制作的广告宣传画和所撰宣传文章。

二、活动交流

通过本次实践活动,我们体验到了学习的成就感,但也有许多地方还需继续努力。

1.信息加工能力弱:在搜索网络信息时,有的同学面对大量的相关信息,可能会出现不知所措的现象,而且有的同学可能会仅仅停留在"复制"和"粘贴"的操作层面上,不会对下载的信息进行进一步处理,这些应该和语文老师、信息技术老师多沟通,加强语言文字加工的辅导和网络信息处理能力的强化、培训。

2.被动地参与问题:部分同学在活动中会出现应付现象,可能会出现在老师督促下勉强完成的现象,这也是目前综合实践活动中比较突出的问题,很多情况下,有些同学是在"被迫"着活动,没有探究的内在动力。

三、评价与反思

可在个人自我总结、小组内总结的基础上,再在班级内进行交流活动。总结形式可多样,可以是个人的日记、作文。实践活动中的反思与建议,也可以是在班级讨论中的发言或资料展示。

下面是某校调查小组总结出的对此类活动的评价,请同学们参考后,拟写出自己的评价书。

1.自评和他评相结合。具体方式有自我阐述与评定、其他同学推举与评说等。

2.日常观察与活动成果展示相结合。具体方式有观察记录、活动表演、调查报告、成果展示等。

3.教师评价与家长、社区有关人员的评价相结合。具体方式有档案袋、评语、活动记录、其他人(包括家长和社区有关人士)推举与评说等。

我的评价书

四、收获和体会

调查活动中通过调查了解家乡特有节庆、传统习俗、传统文化艺术及渊源,增强了我们对家乡的了解和认识,锻炼了搜集处理信息的能力和社会交往能力,拓宽了视野。但活动过程中也存在着明显的不足,比如采访民间艺人时,由于准备不够充分,有的同学提出的问题比较肤浅,采访一度冷场,搜集的资料也不太丰富。在寻访风景名胜时,只顾游玩,把收集资料忘到了一边,结果尽兴而归时,只匆匆忙忙拍了几张照片,走马观花,没有深入调查研究。下面就把本次实践过程中你的收获和体会写下来吧!

我的收获与体会

活动延伸

1.编写《家乡民间故事》《家乡风俗习惯》《家乡风味小吃》《家乡名人故事》等小册子,提供给有关文化部门的旅游点。

2.与有关部门合作,制作广告牌张挂在家乡显眼处,宣传自己的家乡。

3.为社区群众策划一次家乡文化艺术表演活动。

4.开展题为"家乡传统文化的继承与创新"的讨论会,从民族传统文化继承与创新的角度对中国传统文化向现代转变进行探讨。

活动拓展

1.寻访家乡的传统文化有哪些好处？为什么？

2.还有哪些方法可以更简捷地获知有关你家乡的传统文化,介绍几种方法大家一起讨论讨论。

3.你知道中国的传统文化都包括哪些内容吗？可以通过上网或查阅书籍等方式进行查询,把你搜索到的结果写下来。

考察家乡的土特产

发现问题

我国是一个伟大的国家,幅员辽阔的疆土,造就了不同地区的不同文化和不同的土特产。一种家乡的土特产,代表的不仅仅是一个物品,而是一种地区的象征,甚至可以说是一种文化。

那么,今天我们就来考察一下我省的土特产,从而加深对我省的认识,以及对其文化的更深入了解。

活动目标

一、知识目标

1.明确家乡土特产的种类,以及它们突出的特点。

2.通过了解土特产,掌握其背后所涉及到的文化。

二、能力目标

1.通过搜集、整理、分析资料,培养处理应用信息的能力。

2.通过小组活动和与其他同学的交流活动,培养与人合作、交流、分享的态度和能力。

3.通过现代教育技术的手段,加深和拓展对信息本质的认识,深化和提升信息素养。

三、情感目标

在活动中形成热爱自己家乡,学会关爱自己家乡的情感,进而培养为家乡发展作贡献的积极态度和责任感。

活动准备

1.自发组成若干小组,确定要考察的主题。

2.提前做好与各部门的协调工作。

3.通过看、听、说、问、查、做等方式,对家乡特产的有关情况进行调查。

4.拍摄土特产的图片,以便进行总结和宣传。

活动主题参考

1.了解我省土特产的种类和特点。

2.通过土特产来了解家乡的文化和历史。

3.如何宣传家乡的土特产。

活动过程

一、进行小组人员划分。

小组名称		组长	
组员:			
活动主题:			
活动目标:			

二、制订活动方案。

我们这个小组的活动主题是：

具体的活动步骤和时间安排是：

在这次活动中，我的主要任务是：

三、通过不同的方式了解家乡的土特产。

1.到自己家乡的火车站，观察站前主要出售的土特产。

我所观察到的主要销售的土特产是：

2.通过搜集来的资料，了解到家乡的土特产是：

3.将查到、看到、听到的资料，全部汇总，总结出我们家乡的土特产主要有：

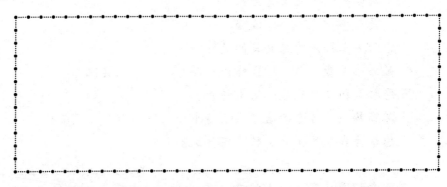

4.每个土特产品的特点及其相关文化是：

四、制作调查问卷,了解市民对家乡土特产的了解情况。

例如:

我省土特产调查问卷

您好!为了更好地了解我省土特产的情况,请您真实地完成这份调查问卷的填写。谢谢合作!

1.您居住在哪个城市(乡、镇、村)?

_____

2.您现在的年龄阶段是?

   A.14 岁以下   B.14 岁—25 岁

   C.26 岁—45 岁   D.45 岁以上

3.您是否买过本地土特产?

   A.是   B.否

4.您购买土特产的主要目的是?

   A.自己消费   B.作为礼品   C.其他

5.您都是在什么地方购买土特产?

   A.商场   B.专卖店   C.超市   D.网购   E.其他

6.您认为我省的主要土特产有什么?

_____

7.您怎样看待家乡的土特产?

_____

8.在购买土特产过程中,经常出现的问题是什么?

_____

我们小组制作的关于土特产的调查问卷如下:

发放并回收调查问卷,根据反馈信息,我们得出以下的结论:

五、以班会的形式,各小组之间进行交流。

各小组的主要研究主题是:

对这次班会活动进行总结和回顾:

活动总结

1.撰写这次活动的调查报告。

方法指导:

怎样写好调查报告

(1)布局要恰当,结构要完整。调查报告应根据调查所得的材料,围绕主题,合理地安排结构。一般由三部分组成:一是开头,叙述调查的意义和目的,文字尽可能少,简明扼要。二是主体,是调查报告的正文。三是结尾,是结论和建议,也是调查报告的总结,可长可短,根据实际情况而定。

（2）常用的结构方式有：第一，纵式结构，主要是依照事物发生发展的顺序。第二，横式结构，根据基本经验或突出的几个主要问题，分层阐述。第三，纵横交错结构，按内容部分之间的逻辑关系，分层说明，理清眉目，突出重点。

（3）要用观点统率材料，善于把观点与材料结合起来，用典型事例说明观点是最常用的方法。

（4）生动活泼，通俗易懂，要用广大群众易懂的语言，提倡通俗易懂的文风，摆事实讲道理，切忌滥用深奥的专业名词。

我们小组这次活动的调查报告如下：

2.成果展示。

综合实践活动，并不在乎最后的"作品"与"成果"，而是更加注重过程，强调在实践中学习，在学习中实践。下面同学们就将此次活动的"成果"展示在下面，可以是活动中的照片、活动中的体验、活动中的感悟等等。那么我的"成果"是：

3.我在这次考察活动中的心得与体会是：

活动延伸

1.通过对家乡土特产的考察，了解土特产在市场上的销售情况。

2.对自己家乡以外的城市(乡、镇)，进行土特产的考察。

考察家乡的名胜古迹

发现问题

　　名胜古迹就是一种文化，而中国的文化博大精深。那么考察自己家乡的名胜古迹，这是一种对文化的深度理解，同时也会在考察的过程中发现一些问题。比如，越来越多的人在参观名胜古迹时，只看到其外表的轮廓，而忽略了其内部的文化内涵；有些参观的游客不爱护古迹，乱扔垃圾，乱涂乱画，造成不良的影响。

　　让我们去实地考察一下吧，了解我省的名胜古迹，及其文化和存在的问题。

活动目标

一、知识目标

1. 熟悉家乡名胜古迹的具体地理位置。

2. 知道关于该处名胜古迹的历史文化。

3. 发现名胜古迹旅游景区所存在的问题。

二、能力目标

1. 能认真细致地做好考察前的系列准备工作。

2. 能独立完成考察任务,撰写高质量的考察小论文。

三、情感目标

1. 从对名胜古迹的参观中,掌握中国文化的博大精深,培养对历史产生兴趣的情感。

2. 在考察过程中发现名胜古迹中存在的问题,从而提高社会责任感。

活动准备

一、知识准备

1. 把对名胜古迹的相关资料收集工作,放在考察活动前两周进行;把要考察的名胜古迹的具体位置查找到并做好记录。

2. 对名胜古迹所涉及的文化、传说、背景等资料进行初步的整理。

3. 实地考察前,收集并整理家乡地图,形成对考察区域的初步印象。

二、安全准备

1. 我们必须告知老师和家长外出考察活动的时间、地点、活动内容,并争取家长的支持。

2. 必须做到安全、守纪、注重文明礼仪。

三、材料准备

家乡地图,收集资料的相应工具,如笔记本、数码照相机等。

四、资金准备

考虑乘车方式以及来去路费、照片冲洗、资料打印等费用。

活动主题参考

1. 考察家乡名胜古迹的数量和地理位置。

2. 考察家乡名胜古迹的历史文化。

3. 考察家乡名胜古迹的传说和典故。

4. 考察家乡对名胜古迹的旅游开发情况。

5. 在考察家乡的名胜古迹过程中所发现的问题。

活动方式建议

考察名胜古迹便是一种对文化、历史的理解。每一个时代,都有着与之相适应的文化,并随着社会的物质生产的发展而发展。名胜古迹就是一种文化生命的存在,为了真实地、直观地感受名胜古迹所带来的震撼之美,我们建议采取实地考察的方式,去了解家乡名胜古迹的特征、外貌、传说、典故等,尽量挖掘名胜古迹的历史文化内涵,加强现代人对传统文化传承的责任感和爱护名胜古迹的意识。

活动过程

一、制订考察计划。

考察活动更注重在校外的自然或社会背景中进行,考察其实是一系列学习步骤的组合,它包括:确定考察目标、选择考察范围与对象、设计考察方案、准备考察工具、考察方法与技术、考察资料的整理与撰写报告等。

考察活动目标	
考察对象的地点	
设计考察方案	
准备的工具	
考察的方法与技术	
考察资料的整理与撰写报告	

二、实地考察家乡的名胜古迹，了解其文化、历史、典故及引起的思考和发现的问题。

（一）我考察的第一个家乡名胜古迹是（　　　　　　　　　）。

1. 解读所考察的名胜古迹的历史背景和文化。

我认真查阅和掌握了（　　　　　　　　）这个名胜古迹的历史背景和相关文化。它主要介绍了：

2. 从考察的名胜古迹中所了解的传说和典故。

与（　　　　　　　）名胜古迹相关的传说和典故是这样的：

(二)我考察的第二个家乡名胜古迹是(　　　　　　　　)。

1. 解读第二个考察的名胜古迹的历史背景和文化。

我认真查阅和掌握了(　　　　　　　　)这个名胜古迹的历史背景和相关文化。它主要介绍了：

2. 从考察的第二个名胜古迹中所了解的传说和典故。

与(　　　　　　　　)名胜古迹相关的传说和典故是这样的：

（三）通过对家乡名胜古迹的考察，从而对家乡的旅游业所产生的思考。

我对家乡的旅游业有如下的想法：

（四）在对名胜古迹考察的过程中，我所发现的问题。

通过对家乡名胜古迹的考察，我发现如下问题：

三、整理分析考察结果。

1. 将考察过程中所拍摄的照片进行展示。

2. 将考察的数据结果用图表表达。

名胜古迹 分类	考察的第一个名胜古迹	考察的第二个名胜古迹
名称		
地理位置		
外貌特征		
历史背景		
相关文化		
传说和典故		

3. 在考察基础上所形成的自己的观点。

(1)在这次活动中,自己的心得与体会:

(2)保护名胜古迹,提出自己的建议:

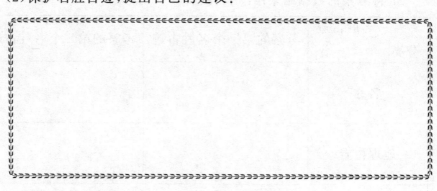

4. 关注社会考察活动对人们生活的直接影响。

简要分析名胜古迹对人们生活的影响:

活动总结

组织一场家乡名胜古迹的研讨会。

1. 讲述考察过程中每个人的所见所闻。

在讲述的过程中，我印象比较深刻的是：

2. 讲述一个名胜古迹的背景文化和美丽传说。

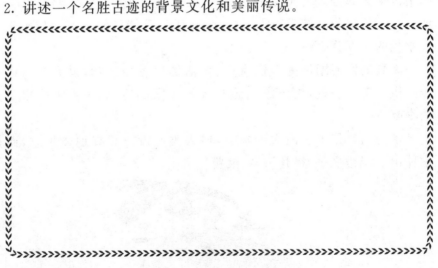

活动延伸

1. 通过网络了解世界著名的名胜古迹。

2. 以讨论会的形式，每个人讲述一个国外著名的名胜古迹以及它的文化背景、历史、传说、典故等。

第二章　社会调查活动

家乡水资源的现状调查

发现问题

水是生命的源泉,生命最早出现在水中;水是文明的摇篮,著名的河流和湖泊,往往孕育着人类辉煌灿烂的文明。人类的生活和生产离不开水,水是自然赋予人类最宝贵的财富之一。地球上有丰富的水,但数量仍然是有限的。人们常常把陆地上的淡水称为水资源,其中冰川占绝大部分。人类目前利用的淡水,主要是河流水、湖泊水和浅层地下水。这部分水储量很少,仅占全球淡水总储量的 0.3%,相当于全球总水量的十万分之一。

无数的河流湖泊为人们生产、生活提供各种便利,也为人们休闲娱乐提供了良好去处,河流湖泊施与人类无限的恩惠,为人类作出了无私的奉献。

水为人类作出了巨大的贡献,但人类并没有很好地爱护它,而是向它伸出了罪恶之手,将其污染、浪费。

因此,我们应该时刻关心我们周边水资源,现在我们就去调查我们家乡水资源的现状吧!

活动目标

一、知识目标

1.通过本次活动,了解我市城市扩大后水污染的现状,了解保护水资源的重要作用,引导大家从行动上关心、保护家乡水资源。

2.知道水污染的危害及主要原因。

二、能力目标

1.学会调查、搜集、整理材料。

2.培养分析问题及解决问题的能力。

3.增强深入社会、关心社会、融入社会的能力。

三、情感目标

1.通过开展调查活动,培养自己的团体合作意识,从活动中感受到与他人合作、交流的乐趣。

2.养成热爱大自然,热爱家乡,保护家乡的品德;养成节约用水的好习惯。

活动准备

1.了解目前水资源的现状。

2.笔、纸、录音机、照相机、电脑。

3.制订好调查问卷(学生、老师、家长、政府领导、企业领导)。

4.分组。自愿组成小组,每个小组选出一个组长,负责本组人员的组织与协调工作。

5.讨论确定研究的内容。围绕"家乡水资源现状"这个课题,各小组分别讨论研究的内容。如有的小组想调查家庭用水,有的小组想调查水资源的污染情况,有的小组想上网查找有关水资源的资料等。

活动主题参考

1.家乡水资源现状调查。

2.家乡水资源现状分析及对策。

3.保护家乡水资源。

活动过程

一、制订活动计划。

活动计划的内容包括：研究主题、组长组员及分工安排、活动目的、活动计划、活动所需的条件、预期成果、表达形式……

研究主题			
组长		组员	
活动目的			
活动计划 （含分工、步骤、 时间安排等）			
所需条件			
表达形式			
预期成果			

二、分组活动。

第一小组 上网搜索资料组

1. 在百度、谷歌等网站输入关键字，以及到专门的大型专业网站去搜索，确保信息资料的权威性。

2. 下载资料。

3. 分析研究资料，并进行小组内部的讨论。

第二小组 采访组

1.走访家乡的水利部门，调查了解家乡的水资源分布、利用情况，及时记录，整理资料。

2.采访家乡的环保部门，了解家乡的水污染现状和原因。

3.参观家乡的污水处理厂,听取厂技术人员关于污水处理整个流程的介绍,并在厂技术人员的带领下逐一参观污水处理的各道工序,详细了解污水处理工作原理、流程及经费,并做好记录,同时从进水口和出水口分别取样品水各一瓶,通过生物的、化学的实验,进一步加深对家乡水污染严重性、危害性的认识。

第三小组 实地采集水样组

1.利用星期天,采集生活地区水域的水样。

2.考察河流:集体考察学校附近的水域,实地考察河流状况。

3.设计如下调查表。

	水的颜色	水的用途	河道大小	水上漂浮物
10年前				
现在				

第四小组 进行问卷调查组

1. 调查家庭用水,设计如下调查表。

项目	有	没有
(1)刷牙时或沐浴中抹香皂时,有没有关上水龙头?		
(2)淘米、洗菜的水,有没有用在别的地方(浇花、冲厕所等)?		
(3)有没有使用节水龙头或节水器具?		

(4)洗碗筷时有没有把水龙头关掉?		
(5)水龙头有没有漏水?		
(6)有没有过量使用清洁剂?		
(7)有没有把衣服储满洗衣机才清洗?		
(8)上月份你家缴付的水费是多少?		

2. 调查家乡水资源利用情况,调查表如下:

当地用水水源分哪几类?	
清洁卫生状况好不好?	
农业生产是否有干旱过?	
当地以哪种灌溉为主?	
有没有推广节水灌溉技术?	
当地种植的主要农作物与水资源是否相适应?	
有没有过量使用化肥、农药?	
乡镇企业有没有污水处理设备?	

三、收集整理资料,得出调查结果。

调查资料的整理关键在于及时。为了较快地把获得的资料整理出来,最好是在调查的当天进行。当天的材料记忆清楚,整理起来省时省力。否则把材料积压下来,以后整理时就需要重新阅读和熟悉,既劳神费力,又容易遗忘。例如,阅读文献时要做笔记,将有用的材料和想法随时记录下来,并加以归类;在开展调查、访谈活动后就要整理访谈记录,等等。各小组再整理调查资料得出各自的结果。

1."第一小组"的调查结果：

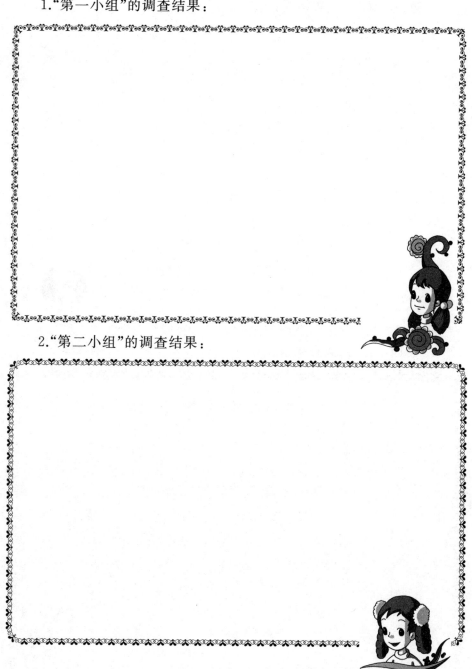

2."第二小组"的调查结果：

3.“第三小组”的调查结果：

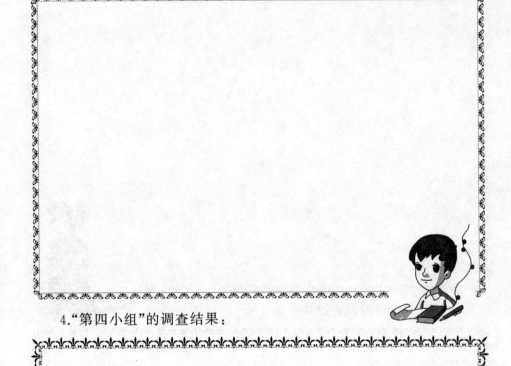

4.“第四小组”的调查结果：

四、撰写调查报告。

调查活动结束后,要进行调查信息的统计和汇总,并在此基础上撰写调查报告。写调查报告必须有五个步骤:调查的起因——调查过程——对掌握材料的分析——拿出结论——提出建议。

我的调查报告

活动总结

将所获得的资料进行分析整理、数据统计,然后在班里将自己的成果展示出来(包括调查表、照片、录音带、日记、统计图表、心得体会)。

一、成果展示

办一个展览,将我们活动的成果展示展示,大家互相交流,互相学习,取长补短。

我们的调查表、我们的访谈记录、我们的调查报告……

二、活动交流

将在活动中的酸甜苦辣、成功、失败、心得体会等和同学们相互交流,并在分析家乡水资源现状的基础上,提出我们的建议、方案。

我们的建议、方案

三、评价与反思

关于"家乡水资源的现状调查"活动结束了。在这次活动中，你有怎样的表现？根据下面的评价表对自己的活动环节进行反思，并听听同学和老师的建议。

"家乡水资源的现状调查"活动过程评价表

学校名称＿＿＿＿＿＿＿　小组名称＿＿＿＿＿＿＿

学生姓名＿＿＿＿＿＿＿　填表日期＿＿＿＿＿＿＿

评价标准	自我评价	同伴评价	老师的评价
参与活动的积极性 ★★★★★			
团队合作的精神 ★★★★★			

评价标准	自我评价	同伴评价	老师的评价
研究活动技能的情况 ★★★★★			
克服活动中困难和挫折 ★★★★★			
资料搜集整理的能力 ★★★★★			
表达自我见解的能力 ★★★★★			

四、收获和体会

中国是一个缺水大国,如果我们合理利用水资源,那么我们在不久的将来看到的最后一滴水将是人类的眼泪。通过这次调查研究活动,你对水资源的利用有些怎样的思考,对保护水资源又有哪些想法?请写下你的所思所想吧。

我的感悟

活动延伸

1.通过漫画等形式,展示保护水资源的重要性。

2.举行"争当环保小卫士"作文比赛。

活动拓展

1.青少年与保护水资源有没有关系？

2.面对家乡水资源的现状,我们有更好的治理手段和措施吗？

学校周边小商贩现象调查

发现问题

教育部门曾三令五申地指出:学校周边严禁摆设小摊。但近年来,各学校周边商贩云集,屡禁不止,严重影响了学生们的身心健康。那么这一现象究竟是哪些因素造成的? 我们如何才能还学生一个相对安静的学习环境? 于是我们提出了这个课题,进行一次调查与研究。

活动目标

一、知识目标

1. 在活动中了解调查方法种类并且重点掌握问卷调查方法和统计调查方法,能正确地用统计图表示数据资料。

2. 掌握社会调查的相关知识,学会社会调查的方法。

二、能力目标

1. 在实践中能运用社会调查的方法,初步学会撰写调查报告。

2. 进一步学会与人交往、交流,与他人和谐相处。

3. 提高自己的语言表达能力和速写、书写的能力,提高整理语言文字的能力,用书面语言表达自己的心声的能力。

4. 提高收集、整理资料的能力。

三、情感目标

通过调查,了解流动商贩形成的原因,提高社会责任感。

活动准备

1. 在老师的协调下,组织分工。

2. 设计好各方面的调查表和调查问卷。

3. 做好相关部门的联系工作。

活动主题参考

1. 流动商贩屡禁不止的原因。

2. 消费者选择流动商贩的原因。

3. 流动商贩对学生、对校园环境的影响。

4. 市民对流动商贩的整体看法。

活动方式建议

要了解学校周边商贩的情况,必须在一段连续的时间内调查较多的人,因此,采用问卷调查方法是比较好的。通过问卷调查,获取相关数据,从这些数据中分析得到我们需要的答案。

活动过程

一、确立研究主题。

学校是学生学习的主要阵地,校门口的流动小摊严重扰乱了学校正常的教学秩序,给学校的常规管理带来了不少麻烦。同时,也影响了学生身心的健康发展。从我们平时的观察调查中可以发现:这些小摊上的东西无生产日期、不卫生、质量差。但他们利用学生年幼无知的特点,采用色彩鲜艳、有声音、带玩具、有奖、价钱便宜等手段来吸引学生,尽管学校、家庭也特别注意这方面的教育,但仍有为数不少的学生前去购买,在很大程度上滋生了学生乱花钱的坏习惯,导致学生间的攀比现象也呈上升趋势,同时,一些不良习惯也随之形成,甚至有个别学生发展到偷拿他人财物,学生深受其害。

根据上述背景,我们确定的研究主题是:

为什么确定这样的研究主题：

二、制订小组计划。

我们的小组计划表

研究主题			
组长		组员	
活动目的			
活动计划（包括分工、步骤、时间安排等）			
所需条件			
表达形式			
预期成果			

三、设计调查问卷。

在设计调查问卷时,要注意文明用语,语言要通俗,要让绝大多数的人看得懂,一看就明白问题的意思,能作出正确的回答。在分发调查问卷时要特别注意礼貌待人,尊重别人,与人为善,和谐相处。以小组为单位对学校周边商贩各个方面进行深入调查。

下面是一个问卷调查的样稿,请参考。

有关"市民对流动商贩的整体看法"问卷调查

您好,我们是××中学的学生,非常感谢您能抽出时间来做这份调查问卷。

个人情况:□男□女　学历:＿＿＿＿＿＿＿＿＿＿　职业:＿＿＿＿＿＿＿

1. 您经常光顾的商贩类型:

　　□食品　　　□文具　　　□书摊　　　□饰品

　　其他＿＿＿＿＿＿＿＿＿＿＿＿＿＿＿＿＿＿＿＿＿＿

2. 就个人而言,您对路边摊有什么看法?

　　□大部分危害消费者利益　　　　□影响了市容市貌

　　□方便购买自己所需要的东西　　□减轻就业压力

　　□影响交通

　　其他＿＿＿＿＿＿＿＿＿＿＿＿＿＿＿＿＿＿＿＿＿＿

3. 作为消费者,您为什么选择路边摊?

　　□价格便宜　　□质量更好　　□选择更多　　□速度更快

　　其他＿＿＿＿＿＿＿＿＿＿＿＿＿＿＿＿＿＿＿＿＿＿

4. 作为消费者,您一般多久光顾一次路边摊?

　　□每周1—2次　　　□每周3—5次　　　□每周6次以上

5. 您对流动商贩的存在有什么看法?

　　□应该禁止　　　□应该进行规范管理　　　□无所谓

6. 您觉得流动商贩出现的原因有哪些?

　　□有利可图　　　　□成本低

　　□家庭状况差　　　□自身条件不够,找不到工作

7. 您认为路边摊的食品卫生吗?

　　□是　　　　□否

8. 您认为有没有必要将流动商贩变成固定的商店?

_____

谢谢您的合作!

根据我们所调查和研究的主题,下面是我们所设计的调查问卷:

四、发放问卷调查并回收进行数据整理加以分析。

根据调查问卷,所整理出的数据:

根据以上数据,得出以下结论:

　　综上所述,我们应采取疏导为主,治理为辅;以城管为主,各个职能部门密切配合,协调一致,齐抓共管。于是,我们总结出如下几点建议:

五、开展一次以"不再购买学校周边商贩商品"为主题的班会。

我准备的发言稿如下：

在这次班会中我的体会是：

活动总结

1. 各小组进行活动总结。

我认为有价值的观点和建议是：

2. 在这次活动中我个人的心得与体会。

活动延伸

1. 学校周边的商贩在进行商品买卖时是否合法？

2. 建立一个正规的商品销售点，需要什么样的程序？

走进家乡的超市

发现问题

民以食为天,食以安为先。对于消费者来说,到大中型超市购物会很放心。但即使相对比较规范的大中型超市,也存在不少问题,其中,商品质量无保证、短斤少两等问题还比较突出。

短斤少两情况主要集中在由超市进行包装的商品,标价售价不相符、促销宣传价格不实、时间不定、忽悠消费者等现象,甚至出现有个别超市在促销活动中标注奖品是汽车一台,而实际上消费者获得的却是汽车模型一台。

另外,超市的售后服务不及时、消费者财产安全缺少保障、公示制度不健全、标语口号违法违规、不让出门验货等情况也时有发生。

活动目标

一、知识目标

1.研究调查情况,为学校相关部门提供参考资料。

2.了解超市服务情况、食品质量价格及预测发展前景。

二、能力目标

1.学会提出问题,逐步形成搜集、分析、利用信息以及解决问题等多方面的探究能力。

2.学会交流和分享研究的信息、创意及成果,发展乐于合作的团队精神和合作技能。

三、情感目标

通过这一活动,培养学生乐于合作的团队精神。

活动准备

1.课前调查。

(1)到超市调查三种物品的价格,并完成调查表。

调查表

(2)咨询:购物时为什么要索要发票?

2.调查研究设计方案。

小组活动方案

活动主题：	
组长： 小组成员：	指导教师
活动目的：	
活动形式：	
活动时间：	
活动步骤： (1)发现与明确问题 (2)制订设计方案 (3)方案优化 (4)设计的交流和评价	
活动内容及分工： 	
活动中会遇到的问题：	

活动过程

一、调查问卷。

我的调查准备：

调查问卷(示例)

您好：

　　我们是××学校的学生，我们正在做一项关于超市购物的调查。您在进行超市购物时，有不同的偏好，请您根据您的实际情况填写问卷，您的填写结果对我们的调查分析十分重要，我们将对您所提供的答案给予保密，谢谢您！

1. 您或家人经常会去哪家超市买东西？
　　○家附近　　　　○偏远但便宜　　　　○闹市区附近

2. 您或家人进入超市消费的频率？
　　○每天一次以上　　○每周4—6次　　○每周1—3次

3. 请问您通常去超市购物花费的平均金额是多少？
　　○50元以下　　　　　　　　○50—100元
　　○100—150元　　　　　　　○150元以上

4. 您的家庭一般由谁去超市消费？
　　○丈夫　　　　○妻子　　　　○孩子　　　　○公婆

5. 您多长时间会去超市购物一次？
　　○定期大采购　　　　○每隔几天购进所需物资
　　○平时随便走走，随意选购　　○需要某商品时，才到超市购物

6. 您觉得这家超市吸引你的特色是什么？（可多选）

　　○价格公道　　　○商品齐全　　　○品质好

　　○交通方便　　　○服务态度好

7. 您希望超市在未来哪些方面有所改善？（可多选）

　　○人员服务　　　○系列产品配套

　　○自有品牌　　　○价格　　　　　○折扣活动

二、分组活动。

第一小组　走进家乡的超市

（一）设计购物方案。

1.讨论：人们在超市购物,最关心的是什么？

2.播放一段学生购物情景的录像。录像的内容:某学生的一篇作文在报纸上发表了,获得30元稿费。她妈妈让她自己支配这30元钱。这位同学在超市内根据自己的需要、爱好挑选东西。她还要为老师买一件礼物,感谢老师的辅导;为妈妈买一件礼物,感谢妈妈每天辛辛苦苦操持家务。她边挑选东西边估算着用了多少钱。讨论:你认为这位同学哪个地方做得比较好？为什么？

3.如果给你30元钱,你会买什么？请根据超市货架上提供的商品单价设计一个购物方案。小组内互相检查每个人的购物方案合理不合理,还剩多少钱。课堂调查:最多的买几种物品？最少的买几种物品？剩钱最多的是多少？最少的是多少？

（二）解决实际问题。

1.李某带50元钱想买如下物品(投影出示):

8包方便面,每包4.30元;1包饼干5.60元;5瓶什锦菜,每瓶5.90元;10枝铅笔,每枝2.00元。

请你帮他算一算带的钱够不够？

2.你了解发票的作用吗？你知道购物时为什么要索要发票吗？(发票有促进商家纳税、维护消费者权益等作用。)

在索要发票的过程中,应注意以下事项:

(1)禁止与卖场的保安、工作人员起冲突。

(2)遇到状况随时报告主管。

(3)不可以公开在卖场里抄价格、撕价格牌等。

(4)必须注意安全。

第二小组 消费群的心理变化和需求变化

不同年龄、不同职业、不同收入水平的消费者,有着不同的购物习惯和消费需求,我们在调查过程中要不断地揣摩各种消费群的心理变化和需求变化。

由组长分配本组人员,提前做好调查准备,到各个超市去调查访问,并在调查过程中将采访内容记录下来。(时间尽量缩短在一周之内,要有质有量地进行调查)

再由组长及其本组成员在班级上组织有关消费群的心理、需求变化为主题的班会,记录班内同学们发言情况,再将调查超市情况的成果结合班内发言内容,总结并点评本次班会主旨内容。

最后,由班长系统地向老师汇报本次调查活动报告。

下面是湖南省怀化市某校调查小组的同学们总结的相关资料,不妨也结合你们小组调查的成果来仿写一份总结性的资料。

■高收入消费群的消费行为及心理特征:

1.品牌偏好明显,受文化需求的影响大于价格上的诱惑。高收入群体多为高学历、高品位、高消费需求的“三高”消费群体,易于接受新事物和大品牌,并会由此产生相应的品牌偏好。这些消费者大多是有一定经济基础的人,他们买一套上千元的衣服、一条数百元的领带眉都不皱,因为他们看中的是品牌。

2.购买数量较大,购买频率和次数较少。高收入群体忙于工作,因而他们在生活上表现出极大的不规律性。除周末以外,逛街购物对他们来说只能是一种“奢侈”。但是若进商场购物,他们购买的数量很多,从吃的、喝的到用的,一消费就是数百元。据了解,这种"集中购物"的消费者并不少,在周末购物群中占了很大的比例。

3.购物期望值较高。高收入消费者受其社会地位的影响,在购物时也期望商家能给予其特殊的关照,比方如售前服务和售后服务方面等等。我访问过几个公司白领,他们一致认为,购物时他们最重视的是商家的服务态度。

■低收入消费群的消费行为及心理特征:

1.注重价格。很多人都有过手头拮据的经历,没钱的日子,他们总是不得已掐算着一分一厘的支出。对低收入消费群而言,在这方面表现得尤为突出。用最少的支出满足尽可能多的消费需求是他们最为"奢侈"的美好愿望。在调查中,我发现商场的特价处,人多数是低收入群。因为对他们来说,低价是实惠。

2.注重质量。目前,城市里的低收入群中的代表是下岗工人。在调查中,我发现下岗工人的消费习惯远远不同于农村消费者。因为他们曾经是都市里令人钦羡的工薪一族,他们曾经乐于购物、精于购物,他们已经具有了消费过程中的自我保护意识和对健康生活、营养饮食的追求。即使他们为了节俭而去购买肉菜市场里的低价肉菜,但他们仍然担忧肉菜的质量,并渴盼"放心肉菜"的到来。因为质量是实在,东西在便宜的同时还要中用、中吃。

3.购物数量少,购物频次多。下岗工人尤其是其中的家庭主妇,生活很有规律,每天基本上是按时起、按时睡,按时买东西,按时看电视……他们的单次购物数额很小,但是购物频次很多,有时一天就会发生数次购买行为。

第三小组 "限塑令"执行情况之调查

本组组长按人数将组员分成若干小组,到学校附近大超市调查各商场是否严守国家法令。

如在调查过程中,有个别的超市没有按照"限塑令"去做,那么,就要求本小组成员写一封信(关于"限塑令"的规定内容及建议),由组长交给该超市经理或负责人员。

最后,在调查结束后,每个人都要写一份调查报告,由各组组长交给老师审阅。并在老师全部看过之后,开一次主题班会,再次吸取大家的经验。

我的调查报告:

小博士

"限塑令"

根据国务院办公厅《关于限制生产销售使用塑料购物袋的通知》要求,从 2008 年 6 月 1 日起,我国"限塑令"正式实施,禁止所有超市、商场、集贸市场等商品零售场所免费向消费者提供塑料袋,并在所有超市、商场、集贸市场等商品零售场所实行塑料购物袋有偿使用制度。这项终结我国塑料袋"免费使用"的政策,一出台就引发了社会的广泛关注。时至今日,3 年多过去了,为了解太原市"限塑令"执行情况。近日,育英中学八年(3)班的同学就此进行了一次调查,调查结果显示:

1."限塑令"在商场、超市执行情况良好

据调查了解,自"限塑令"发布后,各大超市、商场采取多种方式向群众宣传限制生产和使用塑料袋的目的和意义,并严格执行"限塑令",不再提供免费塑料袋,而且执行得坚决彻底;经过一段时间的适应,消费者逐渐养成了自备购物袋、提篮环保袋或当时购买购物袋的习惯,有的消费者徒手带走商品。在调查的所有超市、食品商场中都公示了各种塑料袋的规格,有大号、中号、小号等多种购物袋,价位均在0.2元—1元之间。从各大超市、食品商场了解到实施"限塑令"以来,塑料袋的使用量明显下降,据对某大型超市调查,现在收费塑料袋的使用量比限塑前减少70%。

2. 集贸市场、小商小贩成"限塑"难点

相比超市,"限塑令"在集贸市场遭遇了尴尬局面。在执行过程中并不是畅通无阻。集贸市场由于是零散的商户,没有统一的购物出口,管理比较困难,特别是菜市场的个体经营者免费提供超薄塑料袋的现象仍普遍存在。据对集贸市场的个体经营者调查显示,90%的经营者支持国家颁发的"限塑令"。他们认为这是一项利国利民的好政策,但同时也表示,目前他们仍然提供免费塑料袋也是一种无奈的选择。如出售蔬菜、水果、肉蛋类等生鲜食品,顾客担心食品卫生问题,不可能将买的不同类食品放在一个购物袋里,只能用塑料袋单独包装。在超市是免费提供连卷袋的,而在集贸市场如果提出塑料袋收费,马上就会失去了顾客,生意就无法做。因此,个体商户急切需要生产出能替代塑料购物袋的又环保又价格低的产品。

3.71%的消费者支持和赞同"限塑令"

"限塑令"施行的目的在于唤醒国民的环保意识,让大家了解环保,重视环保,从而在行动上支持环保。太原市各大超市、商场及集贸市场基本营造出文明购物、环保购物的和谐氛围;加之近年来市民对环保意识的不断增强,广大市民和商家对国家实施"限塑令"非常支持和赞同,并积极响应。调查显示,有71%的消费者对"限塑令"表示支持和赞同,有92%的消费者认为节能环保的行为势在必行,有58%的消费者塑料袋的用量比限塑前减少,64%的消费者能够自备购物袋或用菜篮子。环保的购物方式已经逐渐深入人心,逐渐形成了绿色购物的风潮。

三、收集整理资料,得出调查结果。

1. 购物环境——功不可没

购物环境,是影响消费者情绪的重要因素。宽敞明亮、色彩柔和、美观典雅、气氛祥和的商场,会引起消费者愉快、舒畅的情绪反应,使消费者处于喜悦、欢快的积极情绪之中,从而刺激消费者的购买欲;反之,环境条件差的场所,则使消费者产生厌恶、烦躁的情绪。只有抓住这一消费心理,注重其购物环境的影响,给人以清爽的感觉,比起其他货仓式商场更使人舒适、安心。

2. 广告手段——如虎添翼

现在的广告已成为企业加速商品流通和扩大商品销售的有效工具,被誉为"先进媒体的超级推销巨人"。马克思曾强调过:"在商品生产上,流通和生产一样重要;而流通当事人和生产当事人一样必要。"由此可见,广告对加速流通的重要性。

首先,在超市开业前夕,要以广告引人入胜,使不少人为此好奇,争相想看个究竟,这就为该超市开业的火暴抢购狂潮奠定了基础。其次,就是开业后对一些人访问的广告,这样的广告可以真实反映消费者心理,使接受者对说服者的诉求产生共鸣,而产生去购物的念头。

四、撰写调查报告。

撰写调查报告之注意事项

1. 写好调查报告的对策建议部分。

一篇调查报告的主要价值就在于最后的对策建议部分,但是情况也很重要,因为调查报告需要以情动人。调查报告不仅需要提供客观情况,而且要想使报告动人,就必须要有生动的情况,以情况动人,所以生动的情况是调查报告成功的前提。但是,调查报告的价值主要体现在对策建议上,解决问题的办法到底是什么? 不能光是口号,不能是空洞的话。

2. 处理好多人调查与写好报告的关系。

调查的时候往往不是一个人去调查,有一个调查组,所以调查报告就应该是大家群体意志的反映。一个人调查也有,但多数情况下是多人调查。有些大型的和中型的综合性调查,人数可以多些,但最后要写出分类的调查报告,在前面加上一个综合性的概述,或者叫整个报告的内容提要也可以。

调查报告

活动总结

一、成果展示

通过调查知道了超市商品可以根据类别来进行分类,分为食品类、家电类、鞋帽类、日常用品类等等。

二、活动交流

1.开展以"走进家乡的超市"为主题的班会。

2.到超市附近贴海报。(其内容为宣传"限塑令"的相关内容)

三、评价与反思

1.通过这次实践活动,你对自己有什么评价?通过在不同超市购物,以及对不同超市的调查和了解,你对他们的管理、价格等方面有什么看法或想法?课后同学们可以把自己的想法或建议写给超市经理,说不定你的建议会给他们带来很大的经济效益。

2.自我反思。

(1)撰写活动感受。

(2)小组讨论、交流活动的感受。

(3)各小组撰写调查报告。

四、收获和体会

收获小宝箱

商品分类

妈妈菜篮商品:也称主妇商品,这种商品的价格如有轻微的变动有些顾客就会相当地关注。顾客对这种商品的价格敏感度最高。同时在销售时应注意此类商品的质量。例:生鲜的商品更应注意鲜度及陈列的量感。妈妈菜篮商品是每家店以生鲜为主,一般是用来吸引顾客,走低价位及市场鲜度较强的商品,此类商品市调时要非常注意价格的幅度。

红色商品:顾客对此类商品的价格敏感度次之,这类商品销量一般比妈妈菜篮那一类商品销量大,价格一般也比妈妈菜篮商品高些。此类商品一般都适合中层消费者。所以对此类商品要注重品牌及质量,这种商品也称之为价格商品,畅销品排行榜上经常有此类商品。

绿色商品:顾客对绿色商品的价格敏感度最低。市调完商品后要做商品的整理,要将营业额商品、毛利商品、敏感性商品、季节性商品、形象商品加以区别,做一次整理。

1.通过这次社会调查,我们深刻地体会到调查研究是科学研究的基本功。必须进行广泛深入细致的调查,才可能较多较准确地获得与课题相关的资料,在掌握大量材料的基础上,对事物作出更透彻的分析。就像举办一场筵席,必须要采购足够的材料,才能做出一桌丰富美味的佳肴。

2. 运用多种调查研究的方法。在这次调查研究当中,我们运用了五种途径和方法进行调查:(1)尝试采访该超市部门经理;(2)向行人作问卷调查;(3)实地考察;(4)查阅报刊杂志;(5)上网搜索资料等。力求从多个角度,对课题所研究的对象有一个较全面的了解。我们从中也初步掌握了调查研究的基本方法。

3. 善于运用所学的知识对材料作出正确科学的分析。去粗取精,去伪存真,由此及彼,由表及里,较准确地反映出事物的内在规律,和它对社会的现实意义。

4. 调查是一项艰苦细致的工作,必须要有一种不厌其烦、锲而不舍的精神和毅力。在调查当中难免会遭到别人的阻拦和拒绝,但我们从来没有想过放弃,一直坚持下去。也正因为这种精神,使我们终于得以完成任务。

活动延伸

1.展示调查成果,进一步扩大活动的影响。

2.向社会发出倡议书,向学校、政府提出建议。

活动拓展

1.在调查过程中,你有哪些心得体会要与同学交流一下?

2.或许在你的小组调查过程中,会与超市的管理人员发生冲突,你要扮演怎样的角色去处理问题?

谚语与生活

发现问题

谚语是在广大人民群众中广泛流传的一种固定语句,用简单通俗的话反映出深刻的道理。谚语是人民群众经验积累的形象而又富有意味的概括,充满了哲理和智慧,它在日常运用中靠口耳相传逐渐固定下来,所以语言形象、简练、朴实、自然,通俗易懂,便于记忆。它常常讲究对偶、比喻等修辞手法,朗朗上口,富有美感。恰当地学习、应用一些谚语,不仅能使我们的语言、文字生动形象、妙趣横生,而且能让一些深刻的道理变得明白通俗、增加文章的说服力。

谚语包罗万象,取材广泛,是人们在长期生产、生活实践中知识和经验的结晶。它们或来源于神话、历史经典、个人感情,或来源于对日常生活、自然现象的观察与总结,或为祖训、警句。谚语作为一种经过实践验证的有价值的经验结晶,对人类实践有一定的指导意义。今天我们就以"谚语与生活"为主题进行调查研究。

活动目标

一、知识目标

了解谚语以及谚语与人类生活的密切关系。

二、能力目标

培养运用调查、访问获取信息的能力,通过查阅参考书籍、上网等手段观察记录、访谈记录的动手能力以及创意设想的能力,并在实践中增强团队合作能力和人际交往能力。

三、情感目标

通过围绕"谚语和生活"这一主题研究,激发学生的探究欲望、兴趣以及在研究实践中培养学生良好的学习态度,鼓励学生勤于思考,勇于创新。

活动准备

1.搜集和整理大量的谚语,并对其含义进行理解。

2.对搜集到的谚语进行分类,为后面的活动做准备。

3.了解谚语在生活中所起到的作用。

活动主题参考

1.谚语的分类及意义。

2.从谚语中体会真理。

3.谚语与成语的比较研究。

4.生活中使用谚语的调查。

活动过程

一、确定研究主题,进行小组划分。

研究主题			
组长		组员	
活动目的			
所需条件			
表达形式			
预期成果			

我们之所以选择这个主题的原因：

二、小组活动的计划。

1.活动步骤是：

2.活动的人员分工：

3.活动的具体时间安排：

4.活动的地点：

三、与年长的人进行沟通,从他们那里了解更多与谚语有关的文化。

我们从长辈那里了解到的更多的谚语文化是：

四、采用多种方式对所调查的主题进行研究。

1.以采访的形式掌握人们对谚语的了解,制作一张采访卡片。

例如:

"谚语与生活"采访卡

被采访人_____   职业_____   地点_____

采访人的自然情况 (性别、年龄、文化程度)	常用谚语	所属类别	对谚语的喜欢程度 (喜欢、一般、不喜欢)
女,23岁,大学本科	不听老人言, 吃亏在眼前	忠告类	喜欢

我们小组自己所设计的采访卡如下:

根据采访卡所回馈的信息，我们了解到：

2.举行一个与谚语相关的游戏比赛，从而对所研究的主题加深理解。

我们开展的与谚语有关的游戏是：

游戏的规则是：

游戏的意义是：

我在游戏中的收获是：

3.举行一次以"谚语与我们的生活"为主题的演讲活动。

我的演讲发言稿是：

回顾整个演讲活动的过程和印象深刻的内容：

通过这次演讲,我认识到：

4.制作谚语的宣传手册、宣传板报,让同学们在生活中学谚语,用谚语。

我们制作的关于谚语的宣传资料如下:

在制作宣传资料与宣传的过程中,我的感受是:

活动总结

1.在经过了各方面的调查和整理后,我觉得谚语给我们的生活带来了以下的影响:

2.各小组之间,将总结和概括出的重要结论进行交流,从而让我们对谚语有更深刻的认识。

在交流会上我又懂得了:

3.在这次活动中,个人的心得与体会是:

活动延伸

1.对比中国谚语与外国谚语的相同与不同之处。

2.根据自己的生活体验,编制几条谚语。

小资料

谚　语

谚语是熟语的一种。它是流传于民间的言简意赅的话语。多数反映了劳动人民的生活实践经验,而且一般都是经过口头传下来的。它多是口语形式的通俗易懂的短句或韵语。

谚语反映的内容涉及到社会生活的各个方面。从内容上来分,大体有以下五种:

一、气象谚语

这是人们在长期的生产实践中，观察气象的经验总结。如：

蚂蚁搬家蛇过道，明日必有大雨到。

日落胭脂红，无雨也有风。

朝霞不出门，晚霞行千里。

百日连阴雨，总有一朝晴。

二、农业谚语

它是农民在生产实践中总结出来的农事经验。如：

今冬麦盖三层被，来年枕着馒头睡。

庄稼一枝花，全靠肥当家。

三、卫生谚语

卫生谚语是人们根据卫生保健知识概括而成的。如：

冬吃萝卜夏吃姜，免得医生开药方。

笑一笑，十年少；愁一愁，白了头。

四、社会谚语

社会谚语泛指为人处世、接物待人、治家治国等方面应注意的事。如：

凡人不可貌相，海水不可斗量。

若要人不知，除非己莫为。

良药苦口利于病，忠言逆耳利于行。

狭路相逢勇者胜。

五、学习谚语

多是学习经验的总结，激励人们发奋学习。如：

刀不磨要生锈，人不学要落后。

世上无难事，只怕有心人。

网络与我们的生活

发现问题

网络影响和改变着我们的生活。但正如"水能载舟，亦能覆舟"一样，利用好网络，我们的生活受益无穷；错用了它，也会让我们掉入无底的深渊。网络，给信息带来了强大而有力的传播途径，并且大大缩短了信息发布和接收的时间，避免了许多不必要的资源浪费。网络，把人与人之间的距离大大拉近。但是，网络给我们带来种种利益的同时，也带来了不少弊端。首先，网络的迅速发展，给不法商人带来了可钻的空子；其次，网络带来了人与人之间的许多纷争。网络带给人们的不仅是思想上的伤害，还有对许多网民健康的不可忽视的伤害。网络，给人们带来了不可估量的便利、机遇、财富，也给人们带来了无法预期的许多潜在危机。正确认识和利用网络，对同学们的成长是非常有帮助的，同学们通过这个主题能对网络有全面、理性的认识，正确看待网络的利与弊，了解网络在生活中的应用，以及一些不法分子利用网络犯罪的事实，提高同学们的安全上网意识。

活动目标

一、知识目标

1. 利用多种渠道，收集整理资料，让同学们了解网络在信息时代的重要性。

2. 知道信息来源的多种渠道和获得信息的多种方式。

二、能力目标

培养认识事物的能力，包括观察、比较分析和综合能力，让学生能够正确使用网络，使之为学习、生活服务。

三、情感目标

通过活动让同学们既不回避、也不沉溺于网络，恰当运用网络，学会自我保护，遵守网络规则，享受健康的网络生活。

活动准备

1. 收集和整理与网络相关的资料,以及一些网络用途和由于网瘾造成危害的事例。

2. 各班级同学,根据个人兴趣爱好,分好小组,从而做好各方面的分析研究。

3. 制订活动计划,拟订活动方案。

活动主题参考

1. 研究当今网络给学生们带来的利与弊。

2. 调查和研究中学生上网成瘾的原因。

3. 对网络今后发展情况的预测,以及对我们生活的影响。

活动方式建议

以小组的形式,进行分组调查研究。采用竞赛、表演、汇报、制作等形式进行活动。

活动过程

一、制订活动方案。

制订分组活动计划。

小组课题研究方案计划表

小组课题名 称		
成员		
组长		指导教师
研究方法	(如:查资料、问卷调查、实践方法、请教老师等)	

研究调查阶段的活动安排：

二、各小组收集资料进行汇总,讨论分析。

资料名称	资料中心内容	小组意见	分析意见

三、制作一个能体现网络与我们生活关系的调查表,从而进行分析。

以下表为例子:

调查人		调查对象		调查时间	
调查的问题				结论	
1. 你上网的主要目的是什么					
2. 是否玩过暴力游戏					
3. 是否信任网上新结识的人					
4. 网络是否会对现实生活方式产生影响					
5. 网络交往是否会影响你的道德水平					
6. 网络是否会改变你的工作效率和质量					
7. 你上网主要关注的是什么					
8. 讲述一个你在上网过程中印象深刻的事					

我们制作的调查表内容如下:

发放完调查表后进行回收,然后将数据进行整理分析。

调查表的数据显示为:

根据以上数据,我们可以得出如下结论:

四、通过调查走访所获得的信息。

不同人对网络所持有的不同观点

类别	观点	备注
社会的普遍看法		
专家、学者意见		
学生家长意见		
学生自己意见		

五、在关于对网络与我们生活关系的调查和研究过程中的心得与体会。

在这次活动的过程中,我体会到:

活动总结

1. 讨论和分享在整个活动过程中的心得与体会。

2. 根据自己的研究情况,写一份关于中学生正确使用网络的倡议书。比如:

正确使用网络倡议书

我们在此提出倡议,作为中学生,我们应该明辨是非,知道什么该做、什么不该做:

(1)我们是中学生,不应该去网吧。

(2)我们是中学生,不应该去游戏机房。

(3)我们应该遵守中学生日常行为规范。

(4)放学后,不应该在校门口逗留,应及时回家。

(5)不去类似于网吧的地方。

(6)要健康地使用计算机。

(7)要认真学习文化知识与劳动技能。

(8)要抵制诱惑,不要轻易被别人迷惑。

我们以后不要去不该去的地方,要认真学习,为社会作出贡献,要为班级争光。

那么,我所写的倡议书如下:

3. 通过这次活动,开设一场"网络对于中学生利大于弊"和"网络对于中学生弊大于利"的辩论赛。

在这场辩论赛中,我支持( )观点,我的辩论稿如下:

活动延伸

1. 调查各国电脑和网络的使用情况。

2. 了解发达国家的中学生如何使用网络,网络对他们的生活产生了怎样的影响。

第三章　项目设计活动

用花创造美的生活

发现问题

人类社会进入 21 世纪,在不断地追求物质发展的同时,也在不断地追求着精神上的满足。用花装扮生活,美化城市的景色在我们生活的城市中随处可见。春天,公园里呈现着花的海洋,五颜六色的鲜花开满了公园的四周。夏日里的广场,花朵们也争相绽放。城市的街道边也有鲜丽无比的大串红、蝴蝶兰、玫瑰红、丁香花等等。

人们在花的世界里陶醉着,当你走进城市的酒店、商店、学校、医院以及市民的家中,都会发现大厅里、柜台上、讲桌前、床前、房间的角落里,到处都摆放着一束束、一盆盆、一朵朵美丽的鲜花、纸花、丝网花、艺术插花。可见,我们的生活离不开花的点缀,离不开花的美丽,离不开花的浪漫。

因此,我们这一期的综合实践活动就从花着手,让我们用花装扮生活,创造一个美丽、浪漫的世界。

活动目标

一、知识目标

1.简单了解常见花卉中的花语花意。

2.知道常见的观赏花栽培知识和管理的常识。

3.了解有关花与环境以及在人际交往中的相关常识。

4.懂得纸花、丝网花、艺术插花的基本理念。

二、能力目标

1.能独立上网查找、收集、整理信息资料。

2.在实践中进行观察、走访,学会花草栽培的有关技术。

3.与老师、同学们一起交流合作、共同探究纸花、丝网花、艺术插花的技术。

4.达到具备独立自主地用花布置环境,创造美的生活的能力。

三、情感目标

1.通过小组的集体实践活动,不断地感受与别人合作、交流的乐趣。对自己在实践中获得成果有一定程度上的喜悦感和成就感。

2.学生们通过赏花、栽花、做花、艺术插花等实践活动,使心理、思想受到陶冶,道德品质、情操得到升华。知道生活中要关心他人、懂得付出的做人道理。

活动准备

1.搜集关于花的各种资料,包括花的种类、习性等。

2.学习插花等技术。

3.掌握颜色搭配,合理布局等相关方面的知识。

活动主题参考

1.对花的欣赏,赏出花的品味和内涵。

2.亲自动手栽花,对花有更深刻的认识。

3.准备材料,用纸、金属丝、针线等,做出花的饰品。

4.学习插花技术,进行插花实践活动。

5.将花进行布局,来创造我们美的生活。

活动过程

一、第一阶段:进行赏花。

1.划分小组,每组要进行至少 5 种花的欣赏,全面了解所赏之花的特点。

组长		组员	
所欣赏的花的名称		该花的特点	

2.通过赏花,各小组对花的"花语花意"进行总结。

例如:

花的名称	象征	花语花意
玫瑰	爱情、幸福	1朵代表爱心;2朵代表比翼双飞;99朵代表天长地久;……
菊花	高洁、傲骨	4朵表示事事如意;9朵表示长寿;……
梅花	坚贞不屈	1朵梅花表示战胜困难;……
百合花	纯洁、和谐	1束表示和谐;3朵表示团结;……
向日葵	阳光明媚	1束表示好好学习

根据各小组的赏花经历,你们了解到的"花语花意"有哪些?

花的名称	象征	花语花意

3.查阅资料,列举一些重要国家的国花,以及该花的特点和成为国花的原因。

国家	国花	特点	成为国花的原因

二、第二阶段:进行栽花。

1.以小组为单位,选择一种花,进行栽培。

我们小组选择栽培的花是:

之所以选择这个花的原因是:

2.对所栽培的花卉,进行观察记录。

花卉名称	
花卉特点:	
时间	生长情况
前 3 天	
1 周后	
2 周后	
第 20 天	
第 25 天	
1 个月	

三、第三阶段:进行做花。

1.查阅相关资料,了解如何做花的手工艺品。

2.小组商定后,确定要做的花的手工艺品。

我们要做的手工艺品是:

制作方案是：

手工艺品名称			
组长		成员	
制作的分工：			
制作的步骤是：			

3.将所制作的手工艺品的照片贴出来,展示一下。

下面是某一小组的作品展示：

将你们小组的成果展示一下吧：

四、第四阶段：学习艺术插花。

1.了解和掌握艺术插花的文化：

2.学习艺术插花的心得：

3.将自己动手完成的艺术插花作品展示一下吧!

下面是一些作品的展示:

我的插花作品展示如下:

五、用花创造美的生活。

1.制作一个调查问卷,了解大众对花的欣赏和喜好情况。

例如:

花和我们的生活调查问卷

性别:_____   年龄:_____   职业:_____

下面是关于综合实践的课题——"花和我们的生活"的调查问卷。请你配合我们认真地、实事求是地填写。

具体填写的方法是:在每组选择题中,允许有多项选择,请在选项前的方框里打"√",如果你选的是"其他"这一项,请在( )中注明选择内容。

(1)你家里养花有多久了?( )

□一年 □二年 □三年以上 □半年 □从没养过 □其他

(2)你能说出你家种植的花的名称吗?(　　　)

　　□全部能　　□部分能　　□都不能

(3)你家种植的花有哪些?(　　　)

　　□茉莉　□宝巾(三角梅)　□太阳花　□芦荟　□菊花　□海棠

　　□杜鹃　□刺梅　□仙人掌　□金橘　□一品红　□一串红

　　□玫瑰　□月季　□凤仙　□鸡冠花　□大丽花　□仙客来

　　□茶花　□龙吐珠　□没有种植　□其他

(4)你知道哪些花不宜放在室内吗?(　　　)

　　□丁香　□夜来香　□万年青　□富贵竹　□五彩吊兰

　　□洋绣球　□发财树　□不知道　□其他

(5)下列是最常见的花的害虫,你认识哪几种?

　　□蚜虫　□蜘蛛　□甲壳虫　□天牛　□菜青虫　□都不认识

(6)你看到他人乱采滥摘花朵和攀折树木会怎样做?

　　□制止　□视而不见　□心里不认同,但不制止

(7)你喜欢参加下面哪些活动?

　　□花草标本的制作　□植物盆景的制作　□有土栽培

　　□无土栽培　□家庭绿化、美化设计　□绿化、美化设计

(8)你平常去哪儿赏花?(　　　)

　　□公园　□街头　□植物园　□朋友家里　□其他

(9)你是否亲自栽培过花草?

　　□是　□否

经过小组研究,我们制作的调查问卷如下:

2.通过对调查问卷的整理,我们了解到,大众对花的喜好和审美是:

3.根据所了解和掌握的资料,动手有选择性地对学校、班级、自己的卧室等场所,用花来美化。

我们小组确定的"用花美化我们的生活"的方案是:

将小组"美化"的成果,用照片展示,贴在下面。

活动总结

1.对各小组的"用花创造美的生活"的成果进行评比,开班会进行讨论。

回顾班会:

2.在这次活动中,个人的收获是什么?

活动延伸

1.以"花给我们生活带来的变化"为主题,写一篇演讲稿。

2.查找世界上的稀珍花卉,了解之后给大家讲述。

小资料

花卉的作用

花,不仅有美化我们生活的作用,不同的花还有各自不同的功能。看看下面的资料,也许对于提高你的生活质量会很有帮助哦!

吊兰:能吸收空气中95%的一氧化碳,85%的甲醛。一般房间养1—2盆吊兰,空气里的有毒气体便可吸收殆尽。

桂花：在氯污染区种植48天后，1千克叶片可吸收氯4.8克，它还能吸收汞蒸气。

文竹：能吸收二氧化硫、二氧化碳、氯气等有害气体，还能分泌出杀灭细菌的气体，减少感冒、伤寒、喉头炎等传染病的发生。

梅：对硫化物、氟化物的污染特别敏感。一旦环境中出现硫化物或氟化物，叶片上就会出现斑纹，甚至枯黄脱落，这便是向人们发出的警报。

荷兰铁：又称巨丝兰，对多种有害气体（如二氧化碳、氟化氢、氯气、氨气等）具有较强的吸收能力，是室内外绿化装饰的理想植物。

仙人掌：释放氧气，吸收空气中的有害物体分解成养分吸收利用，其吸收有害气体的能力居植物之首，故被冠以"空气净化器"的美誉。

月季：能吸收硫化氢、氟化氢、苯、乙苯酚、乙醚等气体；对二氧化硫、二氧化氮也具有相当的抵抗能力。

杜鹃：是抗二氧化硫等污染较理想的花木，如石岩杜鹃，距二氧化硫污染源三百多米的地方也能正常萌芽抽枝。

木槿：能吸收二氧化硫、氯气、氯化氢、氧化锌等有害气体，它在距氟污染源150米的地方亦能正常生长。

紫薇：又称百日红。能吸收二氧化硫、氯化氢、氯、氟化氢等有害气体。

山茶花：每千克干叶吸收硫10克左右仍能良好生长。它能抗御二氧化硫、氯化氢、铬酸和硝酸烟雾等有害物质的侵害，对大气有净化作用。

米兰：能吸收大气中的二氧化硫和氯气，在含1ppm氯气的空气中熏4小时，1千克干叶吸氯量为0.0048克。

桃树：对污染环境的硫化物、氯化物等特别敏感，因此，可用来监测上述有害物质。

石榴树：抗污染面较广，能吸收二氧化硫，对氯气、氯化氢、臭氧、水杨酸、二氧化氮、硫化氢等都有吸收和抗御作用。

天南星：能吸收空气中80%的苯，50%的三氯乙烯。

"变废为宝"的小制作

发现问题

在我们的日常生活中会产生大量的废弃物,这些废弃物如果被我们随意丢弃,不仅对环境造成污染,也是资源的极大浪费。如果我们把废弃物中的有用部分重新回收利用,例如一些瓶瓶罐罐、纸盒、手提袋等,它们就会成为既美观又实用的家居饰品,美化我们的生活。这样不仅可以节约大量资源,还能够最大限度地减少垃圾的产生量,降低垃圾处理费用,减少占用土地资源,从而使我们的生活质量有明显改善。本次活动在让同学们学习变废为宝的知识后,又给他们创造变废为宝的机会,可算得上是学以致用了。在动手制作的过程中培养勤劳节俭的美德,了解到废物不废,一双勤劳的小手也可以变废为宝,并为自己的创造感到自豪。

活动目标

一、知识目标

学习变废为宝的知识,了解变废为宝的意义。

二、能力目标

1. 培养学生的创造性思维能力、动手能力。

2. 培养团队协作精神和审美能力。

3. 培养学生在设计与制作过程中所需要的语言表达能力。

三、情感目标

通过一些收集到的变废为宝的资料,激发同学们爱护环境,节约能源的情感,从我做起,从身边的小事做起。

活动准备

一、知识准备

掌握变废为宝的知识。收集变废为宝的相关图片及设计方案。

二、实物准备

收集身边的"废"品,为变废为宝的制作做准备。

三、策划准备

因为要做的准备太多,一个人的时间、精力可能不够,你可以与其他同学合作成立一个活动小组。下面就撰写一份周全的活动方案吧!

小组活动方案

活动主题			
组　　长		小组成员	
指导教师			
活动目的			
活动形式			
活动时间			
活动步骤			
活动内容及分工			
预计成果呈现方式			

活动主题参考

1. 调查变废为宝的意义。

2. 制作变废为宝的手工制品。

3. 变废为宝与环境之间的关系。

活动方式建议

首先要掌握相关资料，了解变废为宝的实际意义。然后对"废"物要进行分类整理，以便在后面的制作过程中，能更好地入手。

活动过程

一、通过查阅资料，掌握变废为宝的意义，以及当今世界面临的环境问题。

我现在已经知道变废为宝的意义是：

通过查阅相关资料，了解当今世界整体环境情况是：

二、生活中常见的有用"废品"调查。

在我们的生活当中,常常会把一些还能够利用的"废品"丢弃,从而造成资源浪费,下面就对这类物品进行调查。

常见的能够再利用的"废品"名称	再利用的方式和方法	再利用所节约的资源	创造的社会价值

三、收集能够再利用的"废品"。

废品收集记录表

"废品"名称	废品数量	收集地点	收集时间	收集人

四、分析"废品"的构成材料及确定实施方案。

不同的"废品"是由不同的材料构成的,当然再利用的用途也不尽相同。比如:收集的废品易拉罐,属于铝质材料,具有美观而且容易剪的特点,可用于制作的物品是笔筒或者灯罩等。

"废品"材料分析表

"废品"名称	材质	形状	特点	可用于制作的物品

经过上面的调查和分析,我们决定用＿＿＿＿＿＿＿＿等材料,做成＿＿＿＿＿＿＿＿＿。

我们要制作的＿＿＿＿＿＿＿所采用的方法和方案如下:

五、在制作的过程中,自己的心得与体会。

在自己动手进行变废为宝的实际制作中,我体会到:

六、成果展示

作品已经制作完毕,下面就把作品的照片贴在下面吧,看看谁的作品最精美、最有创意。

下面是几个同学的作品展示:

笔筒

便签台

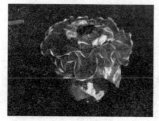
存钱罐

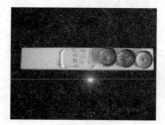
刮鱼鳞器

我们的作品展示:

活动总结

我在整个制作过程中,有以下的收获:

活动延伸

1. 了解世界先进的变废为宝的技术。
2. 对变废为宝的理念以及方式和方法进行宣传。

小资料

欣赏以下几个同学的作品吧!

小书架　　　　　烟灰缸　　　　　室内花盆

花瓶　　　　　　花瓶　　　　　　零钱箱

垃圾筒　　　　　收纳箱　　　　　花篮

第四章　社会问题研究

家乡土地资源之整改

发现问题

1.土壤的水蚀和风蚀现象严重。截至 2020 年底,我国需要治理的水土流失面积为 269.27 万平方千米,其中水力侵蚀面积为 112 万平方千米,风力侵蚀面积 157.27 万平方千米。

2.沙漠面积巨大,土地受到荒漠化的威胁。截至 2020 年 6 月,我国荒漠化土地面积为 261.16 万平方千米,沙化土地面积为 177.12 万平方千米。

3.土地出现次生盐碱化现象。特别是用水灌溉的干旱地区更为明显。

4.耕地面积减少,质量下降。由于水土流失、土地沙化,特别是工业交通和城乡建设大量占用农田,我国耕地面积大量减少。

既然发现了这些与土地资源相关的问题,那么我们应该怎样去解决所存在的问题呢? 先看看同学们是怎样想的吧。

现在水土流失是如此严重,我们应该采取哪些措施呢?

我们应该怎样保护好土地资源呢?

知道吗? 我老家那边的耕地面积在逐年地减少……

活动目标

一、知识目标

1.经历获取数据、计算、比较等认识我国陆地面积与人均面积现状的过程。

2.了解我国土地面积与人口数量的实际情况,以及全球土地荒漠化问题,能借助计算器解决大数目计算的问题。

二、能力目标

1.体会用数据说明问题的客观性,培养用数据说话的科学态度和热爱祖国、关心环境资源问题的意识及责任感。

2.通过让学生调查搜集有关数据信息,培养学生应用数学知识、方法分析问题的能力。

3.锻炼学生的社会活动能力,培养其合作精神。

三、情感目标

1.增强学生的资源意识和人均意识。

2.培养学生的社会责任心,进一步增强学生对实行计划生育和节约土地资源重要性和紧迫感的深刻认识。

活动准备

1.收集与土地资源相关的资料,并加以总结。

2.通过网络、报刊、新闻等渠道来调查土地问题的根源及其解决相关问题的措施。

3.制订土地资源调查问卷。

4.活动中准备基本用具(笔、纸、实验用品等等)。

5.在活动开始之前,将班级人数平均分成三个小组,每组推荐一名组长,在活动过程中,记录整个过程。

6.明确本次活动主题,整理本单元活动计划。

【附表】

组　长		小组成员	
指导教师		活动时间	
活动主题			
活动目标			
活动形式			
活动内容与分工			
活动步骤	（1） （2） （3） （4） （5）		
活动中会遇到的问题			

活动主题参考

土地资源问题是让学生自主地调查、统计人口数量和耕地面积的变化,进而从调查中分析"人增地减"带给人类的生存危机及所反映出来的某些社会问题的一项社会调查活动。通过这项活动使学生切身感受数学与现实生活的密切联系,增强学习数学的兴趣。由于学生已学会了"简单的数据整理""统计图表"等知识,具备了统计、分析、整理数据的能力以及参与社会活动的能力,这为调查、统计提供了保障。本活动适用于广大农村中学,故农村中学生有能力参加这项社会调查活动。

活动过程

一、调查问卷。

土地资源调查问卷

请认真填写下面的土地资源调查问卷,让我们了解您对此类看法的同时,也提出您的意见或建议,谢谢您的合作。

1.您的姓名: 　　　　职业:

2.您对国土资源管理工作

　　○比较熟悉　　　　○有所了解

　　○一般　　　　　　○不了解

3.您对企业推出的"四大工程"(送温暖结对互助工程、进企业高效服务工程、快审批用地保障工程、建平台资金支撑工程)

　　○比较熟悉　　　　○一般了解

　　○不太清楚　　　　○不知道

4.您对学习实践活动中推出的"保增长、大投入、快发展"四大硬招(激活地产市场保增长;收储城市土地增效益;盘活存量土地促投入;多争土地指标保发展)

　　○比较熟悉　　　　○一般了解

○不太清楚　　　　　　　○不知道

5.您认为国土资源管理对经济与社会科学发展具有

○一般性的资源支持作用　　○"土地财政"作用

○重要的保障与促进作用　　○技术支撑作用

6.学习实践活动,以"践行科学发展观,实现资源硬保障"为主题,以着力解决影响和制约保障科学发展的重大问题、着力解决基层和群众对国土资源管理反映强烈的突出问题、着力解决国土资源工作管理和服务中的疑难问题为载体。您认为

○正确,赞同　　　　　　　○一般,没意见

○不够准确,请完善　　　　○不准确,不赞同

7.您认为国土资源部门在党性党风党纪方面存在最突出的问题是

○依法行政意识不够强　　　○为群众解决问题的作风不够实

○队伍管理不够严　　　　　○廉政问题

8.您认为在构建国土资源管理保障和促进科学发展新机制方面,最需要加强的是(多选)

○制度建设　　　　　　　　○队伍建设

○体制建设　　　　　　　　○文化建设

○作风建设

9.您所在地经济与社会的发展,在国土资源管理中急需解决的是什么问题

○用地保障　　　　　　　　○耕地保护

○用矿保障　　　　　　　　○查处违纪违法案件

10.在加快经济区建设中,您认为国土资源部门需要重点推进的工作是

○稳定金融市场　　　　　　○改善投资环境

○创建文明城市　　　　　　○做好用地保障

11.保障我市科学发展,国土资源部门在矿业管理中,您认为最应加强的是

○打击非法探采和乱采滥挖

○整顿矿业秩序、加强勘查开发、促进可持续发展

○技术管理

○市场化运作

您的建议: _____

_____

_____

二、分组活动。

第一小组 植物对水土流失的影响

1.活动准备。

(1)先由学校以电话或信函方式与本校所在行政村村委会取得联系,协助同学开展调查活动。

(2)全班参与,分组进行,此次调查由第一小组负责。以离住址较近和开展活动方便为原则,进行调查研究。

(3)写好"保护土地资源"的宣传海报,做好宣传工作。

2.课外调查实践。

(1)由第一小组组员分配全班同学,到调查场地进行实践活动。

(2)取两块土壤样本,一块取自草坪,一块取自裸地。

(3)将两块土壤样本放在相同的斜坡上。

(4)用洒水壶洒水,冲刷两块土壤样本。(洒水量、洒水高度和流量都相同)

（5）收集冲刷后流失的水土总质量,裸地记为m_1,草坪记为m_2。

3.课内分析研究。

（1）本实验的研究课题是:植物对水土流失的影响。

（2）实验结果是$m_1 > m_2$,由此得出的结论是:植被能保持水土。

（3）根据本实验的结论,防止水土流失最根本的方法是:保护植被。

4.撰写研究报告。

由本组组长收齐,向老师汇报,老师需要对此次活动及报告加以总结。

第二小组 发现问题、解决问题

第二小组要对以下土地资源问题进行调查。

在中国目前土地开发利用中主要存在两个方面的问题:一是大面积土地质量退化;二是土地浪费,优良耕地减少。前者包括水土流失、土地沙漠化、盐碱化、潜育化以及土地污染等;后者是指土地利用不合理,乱占滥用耕地等。具体主要包括:(1)水土流失严重。毁林、毁草开荒和不适当地樵采、放牧,破坏了植被,加剧了水土流失,这是当前土地资源遭到破坏的主要问题。近年来,工矿、交通及其他大型工程日益增多,建设中不注意水土保持,也造成水土流失加重。(2)土地沙化在扩展。土地沙化是指由于植被遭到破坏,地面失去覆盖后,在干旱和多风的条件下,出现风沙活动和类似沙漠景观的现象。(3)土地次生盐渍化面积较大。(4)土地受污染和破坏,土地浪费严重,耕地质量下降,保护和利用重视不够。(5)城乡建设用地逐年扩大,占用了大量耕地。(6)矿区开发中造成生态环境严重破坏,矿区生态重建迫在眉睫。

由本组组长将本组成员及其分工填写如下表格：

姓名	身份	调查单位	分工
			负责组织、协调、宏观规划等
			①负责搜集土地开发利用问题相关资料。
			②归纳整理已搜集资料，并以图文形式呈现。
			③就土地开发利用问题进行研讨并对此次活动做出总结。
			④负责策划调研之后的主题宣传活动。

第三小组 环境问题研究方法

本课题研究同当前的学校环境教育有着直接联系，从学校实际出发，小组同学研究总结出来以下具体方法进行研究：

1.文献资料法：通过对国内外有关土地保护教育方面文献的收集和研究，使课题研究的内涵和外延更丰富，更明确，更科学。争取在现有研究水平的基础上有提高和突破。

2.调查研究法：综合运用各种调查方法和手段，掌握实验研究的第一手材料，为课题提供充足的事实依据。

3.行动研究法：通过实践行动，对课题中存在的实际工作进行反思，边实践、边探索,边修改、边完善,使理论与实践、成果与应用有机地统一起来。

4.经验总结法:通过总结,全面深入、系统地提高经验,找到可以运用和借鉴的规律性的东西。

请你根据以上方法,写一份调查方案。

调查方案
调查课题:
调查时间:
调查案例:
调查方法:
调查步骤: 　　　　(1) 　　　　(2) 　　　　(3) 　　　　(4) 　　　　(5)
调查总结:

三、收集整理资料,得出调查结果。

在调查过程中,你会想这样一个问题:我们参加这项调研活动,意义究竟在何处呢?下面是通过网络、书籍等途径查找到的一些有关的材料,大家阅读后,在下面的横线上写出本次活动的意义。

1.符合新课程改革的要求。新一轮的课程改革,强调教育要以人为本。因此,在学校中开展水土保持教育,让学生认识地理环境,形成地理技能和可持续发展的理念,提高人们的生存能力,是全面推进素质教育,着眼于学生的全面发展和终身教育的需要。在发展学生的智力的同时,也大大增加了他们的环保意识和地球村精神,培养可持续发展意识。

2.是社会主义新农村建设的需要。由于盲目开垦,过度放牧,农村地区水土流失严重,使有限的土地失去农牧业利用价值,制约着农村经济的发展,这一现状对农村中学的学生来说,都是发生在他们身边的事,体会特别深。而水土保持是改善农业生产条件、生态环境和治理江河的根本措施,建设社会主义新农村的根本途径。因此,在农村中学中开展水土保持教育,提高农村中学生认识水土保持工作的重要性有着现实意义。

3.校园环境建设与学校教学与管理密切相关,旨在改善学校的微观环境,树立良好的校风和学风,以利于学生的健康成长。

4.特色是"因材施教"教育思想对当代社会人才的现实要求。本课题的研究是在结合本校的传统和优势、充分考虑学生的兴趣和需要的基础上开展的,其研究有利于发挥本校的环境教育特色,从而形成本校的办学特色。

5.可拓宽学生的知识面,开阔眼界,满足兴趣,让学生了解家乡的环境以及经济现状,从而激发学生热爱学校、热爱家乡、热爱祖国的情感,使他们长大后为家乡经济建设作出贡献,对家乡和人民的命运具有强烈的责任感。

活动意义之所在:_____

_____

_____

_____

_____

_____

四、撰写调查报告。

请根据你在调查过程中所积累的经验，写一份调查报告。

活动总结

一、成果展示

1. 课题研究的总结报告。

2. 土地保护普及系列活动学生作品。

3. 教师、学生研究论文集。

4. 土地保护普及系列活动录像及照片。

5. 土地保护校本课程。

二、活动交流

在调查结束后，你会以怎样的形式与其他同学进行交流呢？交流会议、班会共同探讨、小记者采访、宣传板报，你会选择哪种形式？

☆我的交流形式：＿＿＿＿＿＿＿＿＿＿＿＿＿＿＿＿＿

＿＿＿＿＿＿＿＿＿＿＿＿＿＿＿＿＿＿＿＿＿＿＿＿

＿＿＿＿＿＿＿＿＿＿＿＿＿＿＿＿＿＿＿＿＿＿＿＿

＿＿＿＿＿＿＿＿＿＿＿＿＿＿＿＿＿＿＿＿＿＿＿＿

三、评价与反思

项　目	内　容
自我评价	
同学评价	
老师评价	

四、收获和体会

在这次研究活动中,我们经历了许多,有顺利,也遇到过挫折,看到过肥沃的土地,也看到过干枯的裸地……请把你的体会记录下来。

我学到的新知识:＿＿＿＿＿＿＿＿＿＿＿＿＿＿＿＿＿

我遇到的难题:＿＿＿＿＿＿＿＿＿＿＿＿＿＿＿＿＿＿

我的解决办法:＿＿＿＿＿＿＿＿＿＿＿＿＿＿＿＿＿＿

我采取的措施:＿＿＿＿＿＿＿＿＿＿＿＿＿＿＿＿＿＿

我的收获:＿＿＿＿＿＿＿＿＿＿＿＿＿＿＿＿＿＿＿＿

活动延伸

1.通过调查、实践,培养学生对土地资源的深入认识。

2.举办"如何保护好土地"的座谈会。

小资料

土地资源之解读

土地资源是指已经被人类所利用和可预见的未来能被人类利用的土地。土地资源既包括自然范畴，即土地的自然属性，也包括经济范畴，即土地的社会属性，是人类的生产资料和劳动对象。

土地资源指目前或可预见到的将来，可供农、林、牧业或其他各业利用的土地，是人类生存的基本资料和劳动对象，具有质和量两个内容。在其利用过程中，可能需要采取不同类别和不同程度的改造措施。土地资源具有一定的时空性，即在不同地区和不同历史时期的技术经济条件下，所包含的内容可能不一致。

土地资源是在目前的社会经济技术条件下可以被人类利用的土地，是一个由地形、气候、土壤、植被、岩石和水文等因素组成的自然综合体，也是人类过去和现在生产劳动的产物。因此，土地资源既具有自然属性，也具有社会属性，是"财富之母"。土地资源的分类有多种方法，在我国较普遍的是采用地形分类和土地利用类型分类：

（1）按地形，土地资源可分为高原、山地、丘陵、平原、盆地。这种分类展示了土地利用的自然基础。一般而言，山地宜发展林牧业，平原、盆地宜发展耕作业。

（2）按土地类型利用，土地资源可分为已利用土地，如耕地、林地、草地、工矿交通居民点用地等；宜开发利用土地，如宜垦荒地、宜林荒地、宜牧荒地、沼泽滩涂水域等；暂时难利用土地，如戈壁、沙漠、高寒山地等。这种分类着眼于土地的开发、利用，着重研究土地利用所带来的社会效益、经济效益和生态环境效益。

我国国土辽阔，土地资源总量丰富，而且土地利用类型齐全，这为我国因地制宜全面发展农、林、牧、副、渔业生产提供了有利条件，但是我国人均土地资源占有量小，而且各类土地所占的比例不尽合理，主要是耕地、林地少，难利用土地多，后备土地资源不足，特别是人与耕地的矛盾尤为突出。

市民的社会公德调查

发现问题

社会公德是全体公民在社会交往与公共生活中必须共同遵循的行为准则，它是人类为了维系正常生活而共同遵守的基本道德规范。我国自 2001 年 10 月中共中央颁布《公民道德实施纲要》以来，社会公德的好坏，已越来越成为人们关注的焦点问题。因为社会公德水平的高低将直接影响社会秩序，社会风气，社会凝聚力。它已成为衡量一个社会文明程度的外部窗口，所以我们每一个人都应该真正地从自身做起，向全社会呼吁："关注社会公德，就从关注生活细节开始。"

古老的中华民族自古以来就享有"礼仪之邦"的美称。我们不难忘记：战国时期，楚国大夫屈原因忧患国难而投汨罗江；三国时的诸葛亮，心胸开阔，七擒七纵孟获；老子在《道德经》中嘱咐我们"做一天人就要讲一天道德"。这一切的一切，淋漓尽致地体现了中国人的道德所在。

活动目标

一、知识目标

了解社会公德所涉及的范畴，以及青少年正确的做法。

二、能力目标

通过调查,学会收集、整理资料,发现、分析、解决问题。

三、情感目标

通过对社会公德的调查,提高青少年的社会责任感。

活动准备

1. 在老师的指导和协调下组织分工。

工作任务 分组姓名	第一小组姓名	第二小组姓名
编写调查报告	组长:	组长:
	组员:	组员:
发放调查报告	组长:	组长:
	组员:	组员:
到有关部门进行访问	组长:	组长:
	组员:	组员:
在公共场合进行观察	组长:	组长:
	组员:	组员:

2. 制订活动计划。

我们的活动计划是：

3. 设计一份关于社会公德的调查问卷。

我们设计的调查问卷如下：

4. 和有关部门先电话沟通，准备进行实地调查。

5. 带好照相机，遇到问题，随时抓拍。

活动主题参考

1. 对文明礼貌、助人为乐、爱护公物、保护环境等社会公德问题进行调查。

2. 社会公德与家庭教育的关系。

3. 青少年社会公德的现状。

活动方式建议

随着人们物质水平的提高,人们的社会公德意识也在不断进步,但是在建设和谐社会的大环境下,仍然存在着有悖社会公德的事情。因此,我们先要通过报纸、网络等媒体,掌握当今社会普遍存在的公德问题,然后再通过调查、走访、观察等方法进行研究。

活动过程

一、制订小组活动方案。

我们的具体活动方案如下:

二、对社会公德问题进行调查。

1. 将我们编写好的问卷调查表进行发放。

回收问卷调查表,然后进行数据统计,统计的结果如下:

根据上述数据进行分析,得出以下结论:

在观察的过程中,自己的感想:

2. 观察生活中所发生的小事,分析市民的公德意识。

观察到的具有公德意识的情景有:

观察到的没有公德意识的情景有：

在观察的过程中，自己的感想：

3. 撰写一份这次调查活动的报告。

活动总结

1. 各小组展示自己小组的调查报告。

在展示的过程中,其他小组的调查报告给予我的启示:

2. 将调查过程中抓拍的具有代表性的图片贴在下面。

3. 就怎样提高市民的公德意识提出几点建议。

4. 将这次活动中的体会和心得记录在下面。

活动延伸

1. 了解发达国家的整体公民意识。

2. 开展一个"弘扬社会公德,建设美好明天"的演讲比赛。

"弘扬社会公德,建设美好明天"演讲稿:

小资料

一生要培养的 99 个社会公德心

1.上公共汽车排队的公德心

2.主动给老弱病残孕让座的公德心

3.不给无人售票车投假币、残币的公德心

4.乘车时互相礼让的公德心

5.下雨天避免溅湿行人的公德心

6.车流、人流互让的公德心

7.停车时不占位占道的公德心

8.车辆行驶过程中不向窗外扔东西的公德心

9.不乱停放车辆的公德心

10.夜间会车时不开远光灯的公德心

11.不横跨隔离栏的公德心

12.过马路不闯红灯的公德心

13.不在便道上骑自行车的公德心

14.不占用盲道的公德心

15.不在街上乱吐口香糖的公德心

16.逛动物园善待动物的公德心

17.不伤害动物的公德心

18.不在自助餐上随意浪费的公德心

19.不在公共场所大声喧哗的公德心

20.不在墙上乱涂乱画的公德心

21.住宾馆要爱惜房间物品的公德心

22.不在旅游景点、名胜古迹乱写乱刻乱画的公德心

23.不在景区攀折花果的公德心

24.不爬上景点拍照的公德心

25.不攀爬文物、建筑的公德心

26.不破坏景点设施的公德心

27.出境旅游不给中国人丢脸的公德心

28.野餐时不忘收拾好残局的公德心

29.不损害文物古迹的公德心

30.公共场所文明使用手机的公德心

31.杜绝会场不文明行为的公德心

32.看演出时不妨碍他人的公德心

33.不在游泳池里小便的公德心

34.超市购物不偷吃偷尝的公德心

35.超市购物不乱拿乱放、乱拆商品封口的公德心

36.不在公共场合吸烟的公德心

37.不乱扔烟灰和烟蒂的公德心

38.文明乘火车的公德心

39.莫让广告音成为噪音的公德心

40.不豪饮待客的公德心

41.不在大街上发传单、塞卡片的公德心

42.不乱张贴小广告的公德心

43.不做缺德广告的公德心

44.不在街头或路边随地大小便的公德心

45.养成文明用厕的公德心

46.摆街头小吃摊不让气味呛人的公德心

47.不损毁公用电话亭的公德心

48.不乱拴晾衣绳的公德心

49.不随手乱扔垃圾的公德心

50.对垃圾进行分类的公德心

51.不图省事乱倒垃圾的公德心

52.不毁损过街天桥、地下通道的公德心

53.安全燃放爆竹的公德心

54.不偷盗井盖的公德心

55.不在大街上烧纸祭亲人的公德心

56.不损坏公共设施的公德心

57.杜绝户外裸泳的公德心

58.不让积水滑倒行人的公德心

59.不损毁行道树的公德心

60.公共场所不当众亲热的公德心

61.不随地吐痰的公德心

62.不在街头撒玻璃碴儿的公德心

63.不践踏草坪的公德心

64.用餐不浪费的公德心

65.餐后剩菜打包的公德心

66.球场使用文明用语的公德心

67.多些温馨提示语的公德心

68.不在禁钓区垂钓的公德心

69.聚会狂欢时不撒野的公德心

70.拾金不昧的公德心

71.不用社区健身器材晾衣物的公德心

72.装修噪声不扰邻的公德心

73.晨练放音乐不影响他人的公德心

74.杜绝宠物随地大小便、主人不清理的公德心

75.文明养宠物的公德心

76.尊重生命、善待宠物的公德心

77.不在楼道乱堆放物品的公德心

78.住高层不向窗外扔垃圾的公德心

79.不使用超薄塑料袋的公德心

80.不乱扔废旧电池的公德心

81.不在公共场所光膀子、脱鞋的公德心

82.开车不冲卡逃票的公德心

83.不使用一次性餐具的公德心

84.不瞧不起外地人的公德心

85.杜绝自习室占了座位人不去的公德心

86.保护公共图书的公德心

87.书店文明购书的公德心

88.阅览室内保持安静的公德心

89.不购买黑自行车的公德心

90.杜绝使用不文明网络语言的公德心

91.杜绝网络聊天室谩骂的公德心

92.不在网络上散布虚假信息的公德心

93.不打骚扰电话的公德心

94.不乱拨110之类报警电话的公德心

95.不传播垃圾邮件的公德心

96.不传播不文明手机短信的公德心

97.不使用古怪铃声惊扰他人的公德心

98.办业务时站在"一米线"外的公德心

99.文明放风筝的公德心

第五章　科学问题探究

磁铁对花卉生长影响的研究

发现问题

哈佛大学有这样一句名言:"教育的真正目的就是让人不断提出问题和解决问题。"这句话较好地说明了研究性学习、科学探究在教育活动中的重要性,我们亲历科学探究的过程是获取科学知识和培养科学价值观的重要途径。

曾经有个中学生做了一个实验:

用同样的土壤同样的方法种了两盆一模一样的小麦,所不同的是一盆放上磁铁,另一盆不放。结果生长了一段时间后,放磁铁的小麦明显比没有放磁铁的小麦生长得快,麦苗高出很多。到了收获季节,放了磁铁的小麦也比没有放磁铁的小麦收获多。

这是为什么呢? 磁铁真的会产生影响吗? 由此,我们提出了"磁铁对花卉生长影响的研究"的综合实践活动。

活动目标

一、知识目标

1.了解磁铁的作用,掌握种植花卉的基本知识。

2.学习种植花卉的基本技术。

二、能力目标

1.具备种植花卉的能力。

2.提高观察能力,养成良好的研究习惯。

三、情感目标

1.培养科学的世界观和价值观。

2.培养科学探究精神,思考实践中遇到的困难。

3.热爱自然,热爱生活。

活动准备

1.选择一种自己喜欢的花,并对其进行全方面的了解,为后面的实验做准备。

2.收集种植花卉的相关资料。

3.准备好种植花卉所需材料。如花盆、花土等。

活动方式建议

此次活动我们最好能采用对比实验法进行研究。我们把土中放了磁铁的花卉叫"实验花卉",没放磁铁的花卉叫"对比花卉"。先提出我们的实验假设,磁铁能促进花卉的生长,然后通过对比观察,记录实验花卉和对比花卉的生长过程,用实验结果来验证我们提出的实验假设。

下面,我们以"磁铁对一串红生长的影响研究"主题为例,谈谈活动的具体研究过程。

一串红性喜温暖湿润,不耐寒,怕霜冻,需要充足的光照,适应性强,但不耐旱。对土壤肥力要求不严格,但在疏松、肥沃、排水良好的土壤中生长健壮。最适宜的生长温度为 $20-25\,℃$,$15\,℃$ 以下则生长不良。一串红用播种或扦插繁殖。播种在 $3-6$ 月都可进行,扦插在 $5-8$ 月进行。幼苗长至 $2-3$ 片叶时即可移栽。定植地或盆栽土应施基肥。定植后要立即进行摘心,只留 $2-3$ 片叶。摘心要进行 $2-3$ 次,以促分枝,使植株矮壮、开花多。每月应追肥 2 次,以使花叶繁茂、花期延长。

(上述资料来源于 http://www.yuanlin365.com/yuanyi)

活动过程

一、划分小组,确定所选花卉。

确定实验的花卉名称			
组长		组员	
活动计划:			
活动目的:			
预期成果:			

二、进行实验前的前期工作。

1.整理土壤播种花籽。选择学校附近一块比较肥沃的土地,先把它翻整过来,浇上肥料,日晒 2 天后,把泥土和肥料搅拌均匀,然后把土分成两小块。一星期后,我们把土锄松一下便分别在这两块土里播上一串红的花种。如果条件不允许,我们就在花盆里播种。

2.培植花秧。大约一星期后,两块土里都会长出嫩绿的细芽,我们每天浇一次水,精心培植花秧。

3.移植花秧。过了两个星期,花秧长到了将近 10 厘米高,就可以移植花秧了,我们每人选择两根大致相同大小、相同粗壮的花秧小心地挖出来,移植到花盆里。

4.精心培植幼苗。我们每天早上浇一次水,然后就把花盆搬到树荫下,傍晚再浇一次水,然后再把花盆从树下搬出来。

三、实验开始,进行数据记录和研究分析。

在之前的工作完成之后,可以开始实验了。大家都把自己的两盆花搬出来,通过比较后,发现大部分人的两盆花的生长情况都是一样的。于是,把事先准备好的磁铁放进其中的一盆,另一盆不放。并且一部分人的磁铁放在花盆的底部,一部分人的磁铁放在泥土的上面。

细心培植花苗,观察花卉的生长情况。每天早上定时观察花卉的生长情况,用尺子量一量生长的高度,并做好记录。然后再浇水、施肥。

记录生长情况并且做数据分析。

下面是一个同学的研究分析表,我们可以参考他的记录表,自己也来设计一个观察记录表,并认真做好记录。

记录 1:《磁铁对万寿菊生长的影响研究》情况记录

姓名_____   实验花卉 万寿菊 1 号   对比花卉 万寿菊 2 号
磁铁所放位置:花盆底部

观察时间	生长情况
6月7日	1 号 11 厘米,2 号 11 厘米。粗壮一样。
6月11日	1 号 11.5 厘米,2 号 12 厘米。粗壮一样。
6月13日	1 号 11.53 厘米,2 号 12.5 厘米。粗壮差不多。
6月15日	1 号 11.6 厘米,2 号 13 厘米。2 号壮一些。
6月17日	1 号 11.65 厘米,叶子有点黄。2 号 13.5 厘米。
6月19日	1 号 11.68 厘米,2 号 15 厘米。
6月21日	1 号 11.7 厘米,掉了 5 片叶子。2 号 16.1 厘米。

观察时间	生长情况
6 月 23 日	1 号 12.5 厘米，2 号 18 厘米。2 号长势很好。
6 月 25 日	1 号 13.8 厘米，2 号 21 厘米。2 号有了 2 个花骨朵儿。
6 月 28 日	1 号 14.2 厘米，2 号 24 厘米。2 号开了 1 朵花。
6 月 30 日	1 号 15 厘米，2 号 26 厘米。1 号又掉了 4 片叶子。
7 月 2 日	1 号 15.8 厘米，2 号 28 厘米。2 号有了第 3 个花骨朵儿。
7 月 4 日	1 号 16.5 厘米，2 号 30 厘米。2 号有了 3 朵花。
7 月 5 日	1 号 16.5 厘米，2 号 30.5 厘米。
7 月 7 日	1 号 17 厘米，2 号 32 厘米。1 号病恹恹的。
9 月 1 日	1 号开了 5 朵花，2 号开了 12 朵花。

记录 2:《磁铁对天竺葵生长的影响研究》情况记录

姓名_____　　实验花卉　天竺葵 1 号　对比花卉　天竺葵 2 号

磁铁所放位置:泥土上面

观察时间	生长情况
6 月 7 日	1 号 11 厘米，2 号 11 厘米。粗壮一样。
6 月 11 日	1 号 12 厘米，2 号 11.5 厘米。粗壮一样。
6 月 13 日	1 号 13 厘米，2 号 12 厘米。粗壮差不多。
6 月 15 日	1 号 14 厘米，2 号 13 厘米。1 号壮一些。
6 月 17 日	1 号 16 厘米，2 号 13.5 厘米。
6 月 19 日	1 号 19 厘米，2 号 16 厘米。
6 月 21 日	1 号 20 厘米，2 号 16.5 厘米。

观察时间	生长情况
6 月 23 日	1 号 24 厘米,2 号 18 厘米。1 号长势很好。
6 月 25 日	1 号 26 厘米,2 号 21 厘米。1 号有了 2 个花骨朵儿。
6 月 28 日	1 号 28 厘米,2 号 24 厘米。1 号开了 1 朵花。
6 月 30 日	1 号 31 厘米,2 号 26 厘米。2 号掉了几片叶子。
7 月 2 日	1 号 33 厘米,2 号 28 厘米。1 号有了第 3 个花骨朵儿。
7 月 4 日	1 号 35.5 厘米,2 号 30 厘米。1 号有了 3 朵花。
7 月 5 日	1 号 38 厘米,2 号 30.5 厘米。1 号开了 8 朵花。
7 月 7 日	1 号 42 厘米,2 号 32 厘米。
9 月 1 日	1 号开了 25 朵花,2 号开了 12 朵花。

通过以上记录可以发现:磁铁对花卉的生长都有影响,一种情况是放了磁铁的花卉生长得快些,一种情况是放了磁铁的花卉生长得慢些。通过实验总结,磁铁放在花盆底部的,花卉长得慢;磁铁放在泥土上面的,花卉长得快。

（上述资料来源:湖南教育出版社《综合实践活动》）

参照上述实例,再根据小组所种植的花卉,进行实验记录。

我们的实验记录表如下:

观察时间	生长情况

观察时间	生长情况

根据上述数据的统计，得出的结论是：

活动总结

1.开展班级小组讨论会,将自己小组研究的成果与大家分享和展示。

我们小组的研究报告是:

从其他小组获得的知识是:

将实验过程中拍摄的照片,贴在下面。

2.在这次活动中的心得与体会是：

活动延伸

1.再进行实验,了解废电池对花卉生长的影响。

2.看看生活中,磁铁给人们的生活还带来了什么影响。

小沼气的大用途

发现问题

科学的发展日新月异,与此同时,大自然却受到了污染,环境遭到了破坏。能源问题是当今世界上困扰人类发展的重大问题之一。传统的燃料能源正在一天天减少,人类对环境造成的危害日益突出。这个时候,全世界都把目光投向了可再生能源,希望可再生能源能够改变人类的能源结构,维持长远的可持续发展。那么沼气的利用将是一种新能源的开发。

到底沼气有什么样的用途,这其中又蕴藏着怎样的科学道理,让我们带着满腹疑问,走进今天的探究之旅吧!

活动目标

一、知识目标

1. 加强对我国能源资源的利用情况的了解和基础知识的学习研究。

2. 加强对能源利用技术等高科技发展信息的了解。

3. 了解沼气的来源、利用和开发的系统知识。

二、能力目标

1. 学会利用网络收集、分析相关资料并了解沼气的主要成分和化学公式。

2. 学会利用问卷调查法、访谈法等进行简单的科学研究。

3. 学会根据需要设计简单实验,发挥自己的想象力,并通过调查问卷获得数据,提出有针对性的创新方案。

4. 学会通过科学小漫画、科学小论文、研究报告等形式展示自己的研究成果。

三、情感目标

1. 与他人进行沟通与合作,共同分享成果,体验探究学习的乐趣。

2. 树立为社会服务的意识、科学意识,对沼气的开发和利用及其对最终解决能源危机的重要性有深刻的认识。

3. 通过介绍沼气的利用和开发的成就与困难,展望沼气应用的美好前景,培养创新素质。

活动准备

1. 通过查找和整理,了解相关方面的信息,如:什么是沼气,怎样制取沼气,发展沼气事业有哪些重要的意义等。

2. 进行分组,讨论确定主题。

活动主题参考

1. 我国沼气利用的现状。

2. 发展沼气有哪些重要意义。

3. 沼气的利弊研究与调查。

活动方式建议

1. 收集资料,举办小型报告会,讨论能源的利用带来的环境影响。

2. 以小组为单位,交流、讨论收集到的信息,对沼气能源进行分析和研究。

3. 通过实验,自己动手制作沼气。

活动过程

一、收集和整理关于沼气的资料。

1. 沼气产生的原理、成分以及其性质等。

沼气是多种有机物质,在隔绝空气(厌氧或还原条件)并在适宜的温度、湿度条件下,经过微生物的发酵作用产生的一种可燃气体。

沼气的主要成分为甲烷(CH_4)和二氧化碳(CO_2)。

沼气发酵的主要原料有:多种秸秆、杂草等,农产品加工的各种有机物废物和废水,城市垃圾及生活污水等。

那么甲烷的物理性质和化学性质分别是:

2. 沼气的优点。

"小沼气,废变宝。不烧煤,省柴灶。少蚊蝇,利环保。"这段"三字经"高度概括了使用沼气的益处。如今以沼气为纽带,带动改厕、改厨、改圈,发挥出较好的经济效益和社会效益。一是变废为宝,解决污染;二是增收节支,带动农民致富;三是综合利用,发展无公害农产品。

除了上述优点之外,沼气还有以下优点:

3. 在查找资料的过程中,与沼气有关的还有以下资料:

4. 各小组将所搜集到的资料进行集体讨论、研究。

在讨论的过程中,我又有以下心得:

二、寻找自然界中的沼气。

从资料中得知,沼气可分为天然沼气(分布于自然界)和人工沼气两类,人工沼气属于二次能源,即经人为加工转换的能源。沼气最早发现是在沼泽地,所以称为沼气。下面,让我们做一次探险,到自然界中寻找沼气,我们可以到污水池或池塘边去寻找,用长竹竿搅动塘泥,再用广口瓶收集从水底冒出的小泡泡。然后,向瓶口点火。你看到了什么?闻到了什么?再仔细观察一下产生小泡泡的周围环境,你对产生沼气的条件有什么感性认识?

我对自然条件产生沼气的认识：

三、自己动手制取沼气。

材料准备：

带盖的两个塑料瓶（反应瓶和贮液瓶）；小橡皮 1 块；2 号注射针头 1 个；医用长 70 厘米左右的输液管 1 根；250 克左右的透明容器（罐头瓶）1 个；25 克煮熟的面条；1000 毫升左右的水。

实验步骤：

（1）取 25 克煮熟的面条作为实验物，滤干，用冷水冲凉，置于 250 克的透明容器中，用约 80 毫升的水将面条浸没，并将瓶盖拧紧。

（2）将装有面条的透明容器置于 30℃ 的环境下，放置 10－20 小时，你可观察到_____，表明_____。

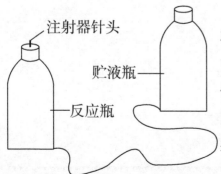

注射器针头

贮液瓶

反应瓶

（3）如左图连接制取沼气的实验装置，先拧紧贮液瓶瓶盖，将（2）中透明容器中的面条连同水液全部倒入反应瓶，加水至反应瓶瓶满，拧紧反应瓶，并将反应瓶瓶盖上的注射器针尖扎入一块橡皮，使反应瓶密封;这时,旋松贮液瓶瓶盖。

(4)将制取沼气的实验装置置于 30℃ 的环境下,放置 20 小时左右,让其发酵,观察反应瓶的上端,可生成 400—500 毫升的沼气,反应瓶中的液体大部分被排到贮液瓶中。

(5)将贮液瓶放在较高的位置,拔去反应瓶注射器针头上的橡皮,对着针头点火,可观察到有火焰燃烧。

甲烷

> **提示:**由于沼气火焰颜色较浅,加之在实验条件下火焰较小,因此在白天不易清楚地观察到沼气燃烧的火焰。但本实验可以从沼气在针尖上方燃烧时针尖被烧红和用纸片可以在针尖上方引燃等事实很容易地感知到沼气在燃烧,也可以在一个比较暗的背景下观察到沼气燃烧时发出的蓝色火焰。反应瓶中的气体可全部烧完,400—500 毫升沼气可持续燃烧 2—3 分钟。

(6)反应瓶中的主要反应。

通过查阅有关资料,可知上述实验中反应瓶里发生的主要反应是:(用你所学过的化学方程式表示)

由于存在 $CO_2 + H_2O \longrightarrow H_2CO_3$ 反应,所以在反应瓶液面上方聚集的沼气中 CO_2 含量很少,甲烷含量很高,反应中的气体因此可完全烧完。

为什么会有燃烧现象出现呢?请教一下化学老师吧。

从化学老师那里了解到的原因是什么?

依据本实验的操作原理,利用其他有机废物,你还能制出沼气吗? 将自己设计的生成沼气的方法记录在下面:

在自己动手制取出沼气的过程中,我学会和了解到:

四、制取沼气的基本条件。

通过上面的实验,我们制取了沼气。看似简单的实验,其实包含了许多影响因素。联系查阅的资料以及我们的实验,分析一下形成沼气的条件。沼气的形成大致可以分为两个阶段:首先将多种复杂的有机物转化为低级脂肪酸,然后再转化为甲烷和二氧化碳等。

制取沼气的基本条件

序号	基本条件	具体要求
1		
2		
3		
4		
5		

在自己总结的基础上,查找资料比较一下,看看我们总结的是否全面。

五、沼气的综合利用价值。

在沼气生产过程中,可产生沼气、沼液和沼渣。沼气的综合利用就是将沼气、沼液和沼渣运用到农业生产过程中,是农村沼气建设中降低生产成本、提高经济效益的一系列综合技术措施。

沼气的综合利用价值

分类	利用价值
沼气	
沼液	
沼渣	

六、对沼气有了详尽的了解之后,制作宣传单,向周围的人推广沼气的使用。

我们制作的宣传单内容如下:

活动总结

1. 以讨论会的形式,总结归纳各小组的实验收获,然后将沼气的利用,通过同学们的努力,继续加以推广。

我要发言的内容如下：

2. 在这次活动中我的心得与体会。

活动延伸

1. 调查还有哪些是可再生的清洁、无污染的能源。

2. 了解世界上沼气利用的情况。

第六章 生活与我

校园广告我做主

发现问题

广告随处可见,与我们的生活息息相关。校园中也有广告,但一般指的是温馨提示、鼓励上进等标语性、指示性的公益广告。

校园广告设计应与学校的环境尤其是校园文化特色等相适应,校园广告的内容要贴近学生生活,符合年龄特征、审美情趣和认知规律。

这个主题的设计是让学生认识生活中的广告,学会欣赏。尝试创作设计校园公益广告,增强学生的责任感、主人翁意识及审美能力。

活动目标

一、知识目标

1.了解校园广告和商业广告的区别。

2.掌握校园广告的语言特点。

3.发现校园不文明的现象,为做校园广告提供素材。

二、能力目标

1.掌握资料收集整理的一般方法。

2.具备设计校园提示语的能力,具备设计校园广告的能力。

三、情感目标

通过活动提高审美情趣和认知规律。

活动准备

1.搜集一些优秀的公益广告。

2.准备一些优秀的校园广告宣传语。

3.掌握校园广告的意义。

活动主题参考

1.认识校园广告,欣赏校园广告,品味校园广告。

2.设计校园广告。

3.校园广告、公益广告、商业广告之间的区别。

活动过程

一、划分小组,制订小组活动计划。

组　　长		组　员	
活动目的:			
活动分工:			
预期成果:			

小组的活动计划是:

二、搜集校园广告及广告语,进行分析。

1.将下表填写完整。

校园广告	在告诉人们什么	是否喜欢
说好普通话,走遍神州都不怕	不要说方言,提倡说普通话	喜欢

2.分析这些广告的特点和共性。

它们的特点是:

它们的共性是:

3.这些广告与商业广告的区别是什么？

三、通过观察,你认为在学校里,还有什么地方需要广告。

1.我觉得校园里的以下几个地方需要广告提示:

2.小组进行讨论,上述地方应该加上什么样的广告语。

　小组讨论过程中出现的问题:

需加广告的地方,相对应地应该加上这样的广告语:

四、自己动手,制作和设计校园广告。

1.经过小组研究,确定广告语。

我们研究后,决定设计的广告语是:

设计这条广告语的原因是:

2.详细说明广告语设计的方案。

类　别	原　因	优缺点
广告语所显示的位置		
广告语所选择的字体		
广告语字体颜色		

类　　别	原　　因	优缺点
广告语底板 颜色		
制作广告语 所选用的材料		

该广告设计所要达到的预期效果是：

3.将本小组所设计的校园广告,进行拍照后展示在下面。

4.对所设计的校园广告,广泛征求大家的意见。

大家对这个广告不满意的地方有哪些:

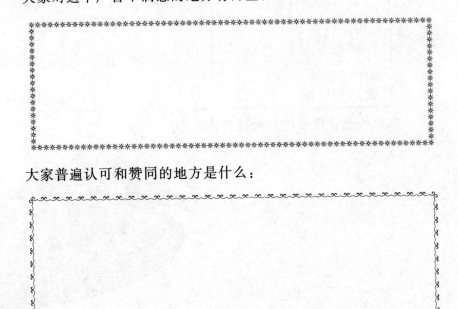

大家普遍认可和赞同的地方是什么:

五、做一份调查问卷,更加深刻地了解对校园广告的需求。

所做的问卷调查要包含同学们对校园广告的喜好、形式、内容等各方面的调查。

我们所设计的调查问卷如下:

根据调查问卷统计数据：

根据上述数据所得出的结论：

活动总结

1.以竞赛评比的形式,将各小组设计的校园广告进行评比,从而选出优秀作品。

下面是几个小组设计的成果,请欣赏。

△小草对您微微笑,请您把路绕一绕。

△投入大自然的怀抱,请不要弄脏她美丽的衣裳。

△如果人类不从现在节约水源,保护环境,人类看到的最后一滴水将是自己的眼泪。

小草对你微微笑
请你把路绕一绕

将这次评比活动中的优秀作品也拿出来展示一下吧!

2.在这次活动中的个人心得与体会:

活动延伸

1.了解国外的校园广告,看看与中国的校园广告有什么不同。

2.发挥创意,看看能不能做出与众不同的校园广告。

小资料

公益广告小集锦

一、"禁烟"公益广告:

1.吸烟是继战争、饥饿和瘟疫之后,对人类生存的最大威胁。

2.为了你和家人的健康,请不要吸烟。

3.也许,你的指尖夹着他人的生命——请勿吸烟(医院禁烟)

4.在这里,香火不再延续……

5.你的香烟,我的石油,注定我们不能相爱——吸烟者禁入

6.千万别点着你的烟,它会让你变为一缕青烟。(加油站禁烟)

7.如果你想吸烟,定时炸弹在身边!(加油站禁烟)

8.一时的快乐,永恒的伤痛——请勿吸烟

9.点燃你的烟,污染了空气,害了人性命,良心在哪里!

10.请不要让你的自私点燃我的大楼——请勿吸烟(商场禁烟)

二、"渴望和平,反对战争"的公益广告:

1.停止战争,为了孩子!

2.看看孩子脸上那天真的微笑,我们又怎舍得让这份和平与安宁转瞬即逝呢?

3.多一些润滑,少一些摩擦。

三、"公民义务献血"公益广告:

1.波涛让江河澎湃,热血使生命沸腾!

2.我们爱心的一小部分却是他们生命的全部。

3.生命,因你而奔流不息。

4.比献出的血更宝贵的是你的真情。

5.用爱心为生命加油！

6.献血的你,灵魂如虹;你献的血,生命涌动。

四、"希望工程"公益广告：

1.节省一分零钱,献出一份爱心,温暖世间真情。

2.你帮,我帮,大家帮;同一首歌,大家唱。

3.涓滴之水成海洋,颗颗爱心变希望。

4.种下一棵树,收获一片绿荫;献出一份爱心,托起一份希望。

5.用心点燃希望,用爱撒播人间。

五、"说普通话"公益广告：

1.说好普通话,"知音"遍华夏。

2.讲好普通话,朋友遍天下。

3.56个民族56朵花,56种语言汇成一句话:请说普通话。

4.沟通你我他,全靠普通话。

5.我说,你说,大家说,普通话是我们共同的歌。

6.说地地道道普通话,做堂堂正正中国人！

六、校园公益广告语

1.字字含意韵,句句传真情——（宣传橱窗）

2.求知而来,载知而去——（阅览室）

3.您的爱心能托起一项事业——（希望工程）

4.做人讲德,用水思源——（节约用水）

5.懒惰者不会在此留下矫健的身影——（运动场）

6.该出手时莫出脚——（门寄语）

7.我的形象全在你的举手投足之间——（墙壁寄语）

8.知道我在等你吗？——（垃圾桶）

9.不要让我无故流泪——（水龙头）

10.轻轻的我走了,正如我轻轻的来——（阅览室）

11.滴滴情深自来水,请你拭去我的泪——（节约用水）

12.举手投足间,别忘了我饥饿的大嘴——(果皮箱)

13.人间知音难觅,校园草坪难培——(爱护草坪)

14.武术家松动了我的骨头,艺术家拧紧了我的眉头——(课桌)

15.顺"便"冲水——(卫生间)

16.吐气如兰,缘于心香如蕙——(语言美)

17.天地"粮"心,惜食莫蚀——(食堂)

18.痰纸(弹指)一挥间,风度尽逝矣——(爱护环境)

19.等待您心灵的爱护!——(窗户)

中学生使用手机问题调查

发现问题

在科学技术飞速发展的今天,手机已由单纯的移动通信工具发展成了功能多种多样的信息、娱乐工具,并悄无声息地出现在中学生的手中。

但随着手机在中学生手中的普及,许许多多的问题也随之而来。在学校里,有的同学上课玩游戏、发信息、看视频、打电话等,一方面影响了自己,另一方面又影响了其他同学听课,由此带来了许多不必要的麻烦。

目前,多数中学已明令禁止学生使用手机或禁止学生携带手机进入校园。但有许多同学对此感到不理解,认为学校过分地限制了学生的权利。

中学生使用手机究竟合不合适?值得大家深入研究。

活动目标

一、知识目标

1. 能够合理运用所学知识,解决活动中的问题,如:调查问卷的设计,结果的分析,体验心得和研究报告的撰写等等。

2. 能够很好地掌握调查类的操作方法,并运用于以后的活动之中。

二、能力目标

1. 懂得倾听别人的意见与建议，做到取人之长，补己之短。

2. 学会留心观察身边的事物，捕捉社会信息，扩大信息量，并知道正确分析信息，同时能够加入个人元素，形成独具特色的个人资料。

3. 在调查活动的过程中，能够养成良好的与人沟通的行为习惯，并不断提高个人的口头表达能力。

4. 在资料的整理过程中，能够做到有个性地整合资料。

三、情感目标

1. 在小组合作中，懂得谦让，学会友善待人，真诚待人。

2. 能够珍惜活动小组成员之间的情感，懂得分享成功与快乐，形成积极的生活态度和生活方式。

3. 面对各种困难能够勇敢克服，培养敢于思考与创新的团队合作精神。

活动准备

1. 查找和整理与手机相关的资料。

2. 掌握全班同学使用手机的情况，做好数据记录。

3. 进行小组分工，并策划活动方案。

活动主题参考

1. 对中学生使用手机现状的调查。

2. 使用手机对学生的影响调查。

3. 手机与身体健康关系的研究。

活动方式建议

该项活动主要采用调查的方法，了解各项数据及相关情况，并进行详细的统计与分析，查找问题的关键，并找到正确的解决方法。因此，建议同学们灵活地运用调查方法，层层落实，将课题不断引向深入，得出最有价值的结论。接下来，我们就以"中学生使用手机现状的调查"这一主题进行研究吧!

活动过程

一、策划研究主题内容,进行小组成员分工。

小组分工表

班　级		组　长	
小组成员			
研究主题			
研究目标			
小组成员分工:			

二、采用讨论会的形式,以小组为单位,讨论与手机相关的话题。

讨论会上所涉及到的内容:

在讨论会上,我认为有价值的观点:

我在这个讨论会中的感受：

三、在学校及周边进行问卷调查。

1. 调查学校同学的手机拥有率，以及所使用的手机基本情况。

如下表：

班级			姓名	
父母收入				
家庭拥有手机情况				
手机品牌型号		价格		
手机功能描述：				

手机使用情况：
与手机发生的故事：
打算更换手机吗？理由是什么？

　　那么，我们小组所设计的调查表如下：

2. 在发放调查问卷过程中,遇到的问题及解决方法。

我在发放调查问卷中,遇到了下列问题:

面对上述的问题,我采用了下面的方法一一解决了:

3. 回收发放的调查问卷,进行数据整理,得出结论。

我们整理出的数据如下:

根据数据所得出的结论如下：

4. 开展一个以"中学生该不该把手机带进学校"为主题的辩论会。

我在辩论会上的观点是：

我的辩论稿大致如下：

这个辩论会给我的心得与体会是：

5. 整理资料，个性创造。

活动已经接近尾声，小组的活动资料成了一个重要议题，建议大家开动集体的智慧，将所有的资料分门别类地进行装订，如调查问卷、统计与分析、活动照片等等，整理好之后，通过最合适的方式展示出来，成为大家的研究成果。如网页的呈现、杂志、海报等等，都是不错的展示方式。开动脑筋展现小组的个性吧！

我们的资料一览

序　号	内　容	呈现的方式

我们最后呈现的方式及内容是：

活动总结

1. 总结在整个过程中的心得与体会。

2. 开一个讨论会，将各自小组的调查结论、分析的结论等进行汇总和讨论。

讨论会纪实：

活动延伸

1. 调查国外的中学生使用手机的情况。

2. 对国内的手机市场进行调查研究。

第七章　社区问题与探究

社区居民的医疗保健与健康

发现问题

随着生活水平的不断提高,人们更加关注自身的健康问题,对医疗保健也有了更高的要求。只有提高医疗保健的水平,才能保证人们的健康,才能有更好的身体素质为祖国建设作出贡献。但是近年来大规模暴发的疫情,让我们对医疗保健和健康,有了更加清醒的认识。

因此,我们在这次综合实践活动中,就以"社区居民的医疗保健与健康"为主题,进行调查与探究。

活动目标

一、知识目标

1.了解社区医疗设施有哪些,健身场所有哪些。

2.学习常见疾病防治的科学知识,掌握基本的卫生常识,养成良好的卫生习惯。

二、能力目标

1.具备动手操作和实际调研的能力。

2.掌握社会交往技巧,不断增进自己的社交能力,提高自己的访谈水平。

3.能够给社区今后的规划和发展提出合理化建议。

三、情感目标

通过对医疗保健和健康的调查与了解,逐步树立正确的健康观和生命观。

活动准备

1.对医疗保健方面的知识进行了解。

2.留心观察社区内的医疗保健场所。

3.做好活动开始前的方案策划。

活动主题参考

1.对社区的医疗机构、居民健康情况进行调查。

2.对不良的卫生习惯进行调查。

3.探究怎样可以保持一个健康的身体。

活动过程

一、对社区的医疗机构进行调查,并对重大疾病情况进行了解。

调查社区的医疗机构。

比如:

医疗机构调查表

1. 在你所居住的社区,有几个医疗机构:_____;分

   别是_____。

2. 各医疗机构所管辖的范围:_____

   _____

3. 医疗设备:(在相应的设备前面打"√")

   ☐诊断设备 ☐治疗设备 ☐检验设备 ☐通信设备 ☐其他

4. 药品配置:药品种类_____种,储存量够_____月用量

5. 医疗服务:(在相应的项目前面打"√")

   ☐常见病治疗 ☐计划免疫 ☐计划生育 ☐康复医疗

   ☐护理服务 ☐保健咨询 ☐精神卫生 ☐其他

6. 社区中老人对医疗服务的满意程度:(在相应的项目前面打"√")

☐非常满意　☐比较满意　☐满意　☐不太满意　☐很不满意

意见和建议:

我们根据主题设计的调查表如下:

根据回收的调查表,做出以下的数据统计:

根据数据,得出的结论是:

二、调查社区的居民健身情况。

1.健身设施调查问答。

(1)社区中有专用的健身场地吗?是否经常出现学生在道路上踢足球、打羽毛球等现象?

(2)社区中有哪些健身器械?人们利用这些器械可以开展哪些体育活动?

(3)社区中有哪些体育场馆,能够进行哪些体育活动? 如果没有,距离社区最近的体育场馆有多远,情况如何?

2.社区居民参与健身情况问卷。

请连续在社区中观察一周后(包括每天早晨、傍晚、双休日上午),再回答下列问题。

(1)大约有多少人参与健身? 各年龄段(儿童及少年、青年、中年、老年)的人所占的比例如何? 他们主要参加哪些活动?

(2)随机访问10—15位参与健身的人,向他们询问参与健身的目的、主要运动项目、健身后的体会等,并整理在下面。

3.提出合理化建议。

针对社区中存在的_____等问题,我们小组经过讨论研究后,提出下列建议:

三、将健康送到社区。

1.和当地卫生医疗机构联系,请相关专家到社区做一次健康知识的讲座。

回顾这次讲座的现场:

通过讲座,了解到一些常见病的预防和治疗方法是:

2.和社区的医疗机构做好沟通和交流工作,争取得到其支持和帮助,在社区开展一次义诊服务,量血压、听诊、接待居民疾病咨询等。

在这个过程中,我了解到:

3.组织文艺小分队,以文艺表演的形式,在村民聚集的地方宣传卫生健康的生活习惯以及常见疾病的防治,丰富社区居民的精神生活。

在这次活动中,我的心得是:

活动总结

1.组织小组交流会,将活动中的体会、收获及反思进行交流。

回顾交流会上的情景:

2.在整个活动中,个人的心得与体会是:

活动延伸

1.了解国外发达国家医疗保健情况。

2.调查全球的健康情况,以及主要国家的平均寿命。